談美

朱光潛／著
宛小平／推薦

大家講堂
學術・民國選書

五南圖書出版公司 印行

學識之法門・智慧之淵藪
——序五南「大家講堂」

曾永義

五南圖書陸續推出一套叢書叫「大家講堂」。這裡的「大家」，固然不是舊時指稱高門貴族的「大戶人家」，也不是用來尊稱漢代才女班昭「曹大家」的「大家」；但也包含兩層意義：一是指學藝專精，歷久彌著，影響廣遠的人物，如古之「唐宋八大家」，今之文學、史學、藝術、科學、哲學等等之「大家」或「大師」；二是泛指衆人，有如「大夥兒」。而這裡的「講堂」，雖然還是一般「講學廳堂」的意思，只是它已改變了實質的形式，既沒有講席，也沒有聽席；因爲這講席上的大師已經化身在書本之中，只要你打開書本，大師馬上就浮現在你眼前，對你循循善誘；而你自然的也好像坐在聽席上，悠悠然受其教誨一般。

於是這樣的講堂，便可以隨著你無遠弗屆，無時不達。只要你有心向學，便可以隨時隨地學習，受益無量。而由於這樣的「講學廳堂」是由諸多各界大師所主持的講席，是大夥兒都可以入坐的聽席，所以是名副其實的「大家講堂」。

長年以來，我對於五南出版公司創辦人兼發行人楊榮川先生甚爲佩服。他行年已及耄耋，猶以學術文化出版界老兵自居，認爲傳播知識、提升文化是他矢志的天職。他憂慮網路資訊，擾亂人心，佔據人們學識、智慧、性靈的生活。使往日書香繚繞的社會，呈現一片紛亂擾攘的空虛。於是他親自策畫「經典名著文庫」，聘請三十位學界菁英擔任評議，自民國一〇七年，迄今已出版一一〇種。他卻發現所收錄之經典大多數係屬西方，作爲五千年的文化中國，卻只有孔孟老莊哲學十數種而已，實屬缺憾，爲此他油然又興起淑世之心，要廣設「大家講堂」，再度興起人們「閱讀大師」的脾胃，進而品會大師優異學識的法門，探索大師智慧的無盡藏。潛移默化的，砥礪切磋的，再度鮮活我們國民的品質，弘揚我們文化的光輝。

我也非常了解何以榮川先生要策畫推出「大家講堂」來遂他淑世之心的動

機和緣故。我們都知道，被公認的大家或大師，必是文化耆宿、學術碩彥。他們著作中的見解，必是薈萃自己畢生的眞知卓見，或言人所未嘗言，或發人所未嘗發；任何人只要沾溉其餘瀝，便有如醍醐灌頂，頓時了悟；而何況含茹其英華！或謂大師博學深奧，非凡夫俗子所能領略，又如何能夠沾其餘瀝、茹其英華？是又不然，凡稱大家大師者，必先有其艱辛之學術歷程，而爲創發之學說，而爲建構之律則；但大師之學養必能將其象牙塔之成果，融會貫通，轉化爲大衆能了解明白之語言例證，使人如坐春風，趣味橫生。

譬如王國維對於戲曲，先剖析其構成爲九個單元，逐一深入探討，再綜合菁華要義，結撰爲人人能閱讀的《宋元戲曲史》，使戲曲從此跨詩詞之地位而躐之，躋入大學與學術殿堂。魯迅和鄭振鐸也一樣，分別就小說和俗文學作全面的觀照和個別的鑽研，從而條貫其縱剖面、組織其橫剖面，成就其《中國小說史略》、《中國俗文學史》，使古來中國之所謂「文學」，頓開廣度和活色。又如胡適先生《中國古代哲學史大綱》，誠如蔡元培在爲他寫的〈序〉中所言，他能夠先解決先秦諸子材料眞僞的問題。又能依傍西洋人哲學史梳理統緒的形式；

因而在他的書裡，才能呈現出「證明的方法」、「扼要的手段」、「平等的眼光」、「系統的研究」等四種特長，要言不繁的導引我們進入中國古代哲學的苑囿，聆賞先秦諸子的大智大慧。

也因此榮川先生的「大家講堂」一方面要彌補其「經典名著文庫」的不足，便以收錄一九四九年以前國學大師之著作為主。凡其核心之學術代表著作，既為畢生研究之精粹，固在收錄之列；而其具有普世之意義與價值，經由大師將其精粹轉化為深入淺出之篇章者，其實更切合「大家講堂」之名實與要義，尤為本叢書所要訪求。

記得我在上世紀八〇年代，也已經感受到「學術通俗化、反哺社會」的意義和重要，曾以此為題，在《聯副》著文發表，並且身體力行，將自己在戲曲研究之心得，轉化其形式而為文建會製作之「民間劇場」，使之再現宋元「瓦舍勾欄」之樣貌，並據此規畫「民俗技藝園」（今之宜蘭傳統藝術中心），作為維護薪傳民俗技藝之場所，並藉由展演帶動社會及各級學校重視民俗技藝之熱潮，乃又進一步以「民俗技藝」作文化輸出，巡迴演出於歐美亞非中美澳洲列國，可以說是一個很成功的例證。近年我的摯友許進雄教授，他是世界甲骨學名家，其學術根柢之深厚、成就之豐碩無須多言，他同樣體悟到有如「大家講堂」的旨趣；乃以通俗的筆墨，寫出了《字字有來頭》七冊和《漢字與文物的故事》四冊，頓時成為兩岸極暢銷之書。其《字字有來頭》還要出版韓文翻譯本。

已經逐步推出的「大家講堂」，主編蘇美嬌小姐說，為了考量叢書在中華學識和文化上的意義和價值，因此其出版範圍先以「國學」，亦即以中國文史哲為限。而以作者逝世超過三十年以上之著作為優先。而在這裡我要強調的是：「大家」或「大師」的鑑定務須謹嚴；其著作最好是多方訪求，融會學術菁華再予以通俗化的篇章。如此才能眞正而容易的使「大家」或「大師」在他主持的「大家講堂」上，如「隨風潛入夜，潤物細無聲」的春雨那樣，普遍的使得那熱愛而追求學識的一大夥人，都能領略其要義而津津有味。而那一大夥人也像蜜蜂經歷繁花香蕊一般，細細的成就，釀成自家學識法門的蜜汁；而久而久之，許許多多大家或大師的智慧，也將由於那一大夥人不斷的探索汲取，而使之個個成就為一己的智慧淵藪。我想這應當更合乎策畫出版「大家講堂」的遠猷鴻圖。

榮川先生同時還策畫出版「古釋今繹系列」和「中華文化素養書」做爲「大家講堂」的姐妹編，爲此使我更加感佩他堅守做爲「出版界老兵」的淑世之心。

序於台北森觀寓所

二〇二〇年元月二十九日晨

推薦序

宛小平

五南圖書出版公司要出版祖父《談美》，囑我寫幾句話。這使我想起祖父和我談起他一九八三年三月赴港在香港中文大學新亞書院作第五屆「錢賓四先生學術文化講座」，講題是「維柯對中國美學界的影響」，講畢和專程來港的錢穆並肩而立，這也是海峽兩岸學術交流的破冰之旅，也恰是在這次和香港、臺灣的朋友會面中他得知自己的《談美》仍在海峽兩岸封閉的學術環境下改頭換面地在臺不斷有印刷出版。祖父談及此事，臉上那得意的微笑至今仍在我腦海裡留下了深刻的印象。畢竟時代是進步了，如今冠冕堂皇地在臺出版當然是一件幸事！

《談美》一書一九三二年十一月由上海開明書店出版，它是以書信方式爲青年寫的一本美學入門書。在大陸，四十五年間重印了二十九次。據我所知，在臺也早在一九五八年署名「朱孟實」出版，且不停的印刷。這部書如此成功我以爲和祖父「同情的理解」的寫作方式分不開的。祖父自己對此有精闢的說明，他說寫作有「仰視、俯視、平視」。「仰視」難免阿諛逢迎；「俯視」則「如果他把自己高舉在講臺上，把臺下人都看成蒙昧無知，盛氣凌人地呵責他們，譏笑他們，教訓他們，像教蒙童似的解釋這樣那樣，俯視就成爲對於讀者的侮辱。」此兩種方式在祖父看來都有缺陷，因此他說：「我贊成平視，因爲這是人與人中間所應有的友誼的態度。……這種心靈感通之中不容有驕矜，也不容有虛僞的謙遜，彼此須平面相視，赤心相對，不裝腔作勢，也不吞吐含混，這樣人與人可以結成眞摯的友誼，作者與讀者可以成立最理想的默契。」

作者「修辭立其誠」，我想讀者也當以「誠」心去閱讀便不會「空手而歸」。這是我對該書的第一感受。其次，關於《談美》的結構和內容的要義。可分五大部分：前三章是討論美是什麼；四到六章講的是美與非美如何辨別；第七、八兩章講自然、現實與美的連繫與區別；第九到第十四章講藝術美以及藝術美外化；最後一章是「點睛之筆」，是朱自清稱之爲「人生的藝術化」理論。「這是孟實先生自己最重要的理論。他分人生爲廣狹兩義：藝術雖與『實際人生』有距離，與『整個人生』卻並無隔閡；『因爲藝術是情趣的表現，而情趣的根源就在人生。反之，離開藝術也便無所謂人生；因為凡是創造和欣賞都是藝術的活動。』……孟實先生引讀者由藝術走入人生，又將人生納入藝術之中。」

朱自清不愧為先生的「知己」，他在這裡指出先生所說的「藝術」已經不單單是克羅齊講的那一霎那的「直覺」，它還集名理、道德、人生於「一體」，雖然「美感經驗」可以「孤立絕緣」，但「藝術」則不能，「藝術」要比「美感經驗」範圍更大。在這個意義上，藝術和美是可以儲「善」的；藝術和美也是能夠啓「眞」的。

前有祖父好友朱自清先生的〈序〉，何勞我這後學來費口舌！

不過，我還是要補充說明一點：即不同時代有不同時代的學術趣味，這不同的趣味對閱讀的影響是不能不注意的。朱自清當時給祖父作「序」時稱那些新文藝的青年於「外國的影響」不能和傳統舊的「注」、「話」、「評」、「品」相契合，總有「兩張皮」的感覺，指出祖父的這本小書能夠「幫助你走出這些迷路的。它讓你將那些雜牌軍隊改編為正式軍隊」。朱自清的這番論述顯然這是站在肯定祖父這部書是以西方「正規」學科——美學來整理「國故」立場上的。時過境遷，今天閱讀這部書，我們又會從另一方面著想。常感到祖父受傳統文化的影響頗深，畢竟祖父出自桐城中學，被當時老師稱可傳桐城派遺風的少年小子。像以「子非魚安知魚之樂？」；「大人者不失其赤子之心」；「超以象外，得其環中」等道家名言以說明美感的移情作用以及藝術創造的遊戲精神與情感。像以「從心所欲不逾矩」；「不似則失其所以爲詩，似則失其所以爲我」等儒家名言以說明文藝創造的法度。這些俯拾即是古典名句都體現了祖父受傳統文化薰陶很深。

不揣淺陋，是爲序。

二〇一九年十一月十七日

於忘適齋

序

朱自清

新文化運動以來，文藝理論的介紹各新雜誌上常常看見；就中自以關於文學的爲主，別的偶然一現而已。同時各雜誌的插圖卻不斷地複印西洋名畫，不分時代，不論派別，大都憑編輯人或他們朋友的嗜好。也有選印雕像的，但比較少。他們有時給這些名作來一點兒說明，但不說明的時候多。青年們往往將雜誌當水火，當飯菜；他們從這裡得著美學的知識，正如從這裡得著許多別的知識一樣。他們也往往應用這點知識去欣賞，去批評別人的作品，去創造自己的。不少的詩文和繪畫就如此形成。但這種東鱗西爪積累起來的知識只是「雜拌兒」——還趕不上「雜拌兒」，因爲「雜拌兒」總算應有盡有，而這種知識不然。應用起來自然是夠苦的，夠張羅的。

從這種凌亂的知識裡，得不著清清楚楚的美感觀念。徘徊於美感與快感之間，考據批評與欣賞之間，自然美與藝術美之間，時常自己衝突，自己煩惱，而不知道怎樣去解那連環。又如寫實主義與理想主義就像是難分難解的一對冤家，公說公有理，婆說婆有理，各有一套天花亂墜的話。你有時樂意聽這一造的，有時樂意聽那一造的，好教你左右做人難！還有近年來慣用的「主觀的」、「客觀的」兩個名字，也不只一回「纏夾二先生」。因此許多青年膩味了，索性一切不管，只抱著一條道理，「有文藝的嗜好就可以談文藝」。這是「以不了了之」，究竟「談」不出什麼來。留心文藝的青年，除這等難處外，怕更有一個切身的問題等著解決的。新文化是「外國的影響」，自然不錯；但說一般青年不留餘地地鄙棄舊的文學藝術，卻非眞理。他們覺得單是舊的「注」、「話」、「評」、「品」等不夠透澈，必須放在新的光裡看才行。但他們的力量不夠應用新知識到舊材料上去，於是只好擱淺，並非他們願意如此。

這部小書便是幫助你走出這些迷路的。它讓你將那些雜牌軍隊改編為正式軍隊；裁汰冗弱，補充械彈，所謂「兵在精而不在多」。其次指給你一些簡截不繞彎的道路讓你走上前去，不至於徬徨在大野裡，也不至於徬徨在牛角尖裡。其次它告訴你怎樣在咱們的舊環境中應用新戰術；它自然只能給你一兩個例子看，讓你可以舉一反三。它矯正你的錯誤，針砭你的缺失，鼓勵你走向前去。作者是你的熟人，他曾寫給你十二封信；他的態度的親切和談話的風趣，你是不會忘記的。在這書裡他的希望是很大的，他說：

悠悠的過去只是一片漆黑的天空，我們所以還能認識出來這漆黑的天空者，全賴思想家和藝術家所散布的幾點星光。朋友，讓我們珍重這幾點星光！讓我們也努力散布幾點星光去照耀和那過去一般漆黑的未來。（第一章）

這卻不是大而光當、遠不可幾的例話；他散布希望在每一個心裡，讓你相信你所能做的比你想你所能做的多。他告訴你美並不是天上掉下來的；它一半在物，一半在你，在你的手裡，「一首詩的生命不是作者一個人所能維持住，也要讀者幫忙才行。讀者的想像和情感是生生不息的，一首詩的生命也就是生生不息的，它並非是一成不變的。」（第九章）「情感是生生不息的，意象也是生生不息的。……即景可以生情，因情也可以生景。所以詩是做不盡的。……詩是生命的表現。說詩已經做窮了，就不啻說生命已到了末日。」（第十一章）這便是「欣賞之中都寓有創造，創造之中也都寓有欣賞」（第九章）；是精粹的理解，同時結結實實地鼓勵你。

孟實先生還寫了一部大書——《文藝心理學》。但這本小冊子並非節略；它自成一個完整的有機體；有些處是那部大書所不詳的；有些是那裡面沒有的——〈人生的藝術化〉一章是著明的例子；這是孟實先生自己最重要的理論。他分人生為廣狹兩義：藝術雖與「實際人生」有距離，與「整個人生」卻並無隔閡；「因為藝術是情趣的表現，而情趣的根源就在人生。反之，離開藝術也便無所謂人生；因為凡是創造和欣賞都是藝術的活動。」他說：「生活上的藝術家也不但能認眞而且能擺脫。在認眞時見出他的嚴肅，在擺脫時見出他的豁達。」又引西方哲人之說：「至高的美在無所為而為的玩索」，以為這「還是一種美」。又說：「一切哲學系統也都只能當作藝術作品去看。」又說：「眞理在離開實用而成為情趣中心時，就已經是美感的對象；……所以科學的活動也還是一種藝術的活動。」這樣眞善美便成了三位一體了。孟實先生引讀者由藝術走入人生，又將人生納入藝術之中。這種「宏遠的眼界和豁達的胸襟」值得學者深思。文藝理論當有以觀其會通；局於一方一隅，是不會有眞知灼見的。

一九三二年四月，倫敦

目次

開場話

朋友：

從寫十二封信給你之後，我已經歇三年沒有和你通消息了。你也許怪我疏懶，也許忘記幾年前的一位老友了，但是我仍是時時掛念你。在這幾年之內，國內經過許多不幸的事變，刺耳痛心的新聞不斷地傳到我這裡來。聽說我的青年朋友之中，有些人已遭慘死，有些人已因天災人禍而廢學，有些人已經擁有高官厚祿或是正在「忙」高官厚祿。這些消息使我比聽到日本出兵東三省和轟炸淞滬時更傷心。在這種時候，我總是提心吊膽地念著你。你還是在慘死者之列呢？還是已經由黨而官、奔走於大人先生之門而洋洋自得呢？

在這些提心吊膽的時候，我常想寫點什麼寄慰你。我本有許多話要說而終於緘默到現在者，也並非完全由於疏懶。在我的腦際盤旋的實際問題都很複雜錯亂，它們所引起的感想也因而複雜錯亂。現在青年不應該再有複雜錯亂的心境了。他們所需要的不是一盆八寶飯而是一帖清涼散。想來想去，我決定來和你談美。

談美！這話太突如其來了！在這個危急存亡的年頭，我還有心肝來「談風月」麼？是的，我現在談美，正因爲時機實在是太緊迫了。朋友，你知道，我是一個舊時代的人，流落在這紛壇擾攘的新時代裡面，雖然也出過一番力來領略新時代的思想和情趣，仍然不免抱有許多舊時代的信仰。我堅信中國社會鬧得如此之糟，不完全是制度的問題，是大半由於人心太壞。我堅信情感比理智重要，要洗刷人心，並非幾句道德家言所可了事，一定要從「怡情養性」做起，一定要於飽食暖衣、高官厚祿等等之外，別有較高尚、較純潔的企求。要求人心淨化，先要求人生美化。

人要有出世的精神才可以做人世的事業。現世只是一個密密無縫的利害網，一般人不能跳脫這個圈套，所以轉來轉去，仍是被利害兩個大字繫住。在利害關係方面，人已最不容易調協，人人都把自己放在首位，欺詐、凌虐、劫奪種種罪孽都種根於此。美感的世界純粹是意象世界，超乎利害關係而獨立。在創造或是欣賞藝術時，人都是從有利害關係的實用世界搬家到絕無利害關係的理想世界裡去。藝術的活動是「無所爲而爲」的。我以爲無論是講學問或是做事業的人都要抱有一副「無所爲而爲」的精神，把自己所做的學問事業當作一件藝術品看待，只求滿足理想和情趣，不斤斤於利害得失，才可以有一番眞正的成就。偉大的事業都出於宏遠的眼界和豁達的胸襟。如果這兩層不講究，社會上多一個講政治經濟的人，便是多一個藉黨忙官的人；這種人愈多，社會愈趨於腐濁。現在一般藉黨忙官的政治學者和經濟學者以及冒牌的哲學家和科學家所給人的印象只要一句話就說盡了——「俗不可耐」。

人心之壞，由於「不能免俗」。什麼叫做「俗」？這無非是像蛆鑽糞似地求溫飽，不能以「無所爲而爲」的精神作高尙純潔的企求；總而言之，「俗」無非是缺乏美感的修養。

在這封信裡我只有一個很單純的目的，就是研究如何「免俗」。這事本來關係各人的性分，不易以言語曉喻，我自己也還是一個「未能免俗」的人，但是我時常領略到能免俗的趣味，這大半是在玩味一首詩、一幅畫或是一片自然風景的時候。我能領略到這種趣味，自信頗得力於美學的研究。在這封信裡我就想把這一點心得介紹給你。假若你看過之後，看到一首詩、一幅畫或是一片自然風景的時候，比較從前感覺到較濃厚的趣味，懂得像什麼樣的經驗才是美感的，然後再以美感的態度推到人生世相方面去，我的心願就算達到了。

在寫這封信之前，我曾經費過一年的光陰寫了一部《文藝心理學》。這裡所說的話大半在那裡已經說過，我何必又多此一舉呢？在那部書裡我向專門研究美學的人說話，免不了引經據典，帶有幾分掉書囊的氣味；在這裡我只是向一位親密的朋友隨便談談，竭力求明白曉暢。在寫《文藝心理學》時，我要先看幾十部書才敢下筆寫一章；在寫這封信時，我和平時寫信給我的弟弟妹妹一樣，面前一張紙，手裡一管筆，想到什麼便寫什麼，什麼書也不去翻看，我所說的話都是你所能了解的，但是我不敢勉強要你全盤接收。這是一條思路，你應該趁著這條路自己去想。一切事物都有幾種看法，我所說的只是一種看法，你不妨有你自己的看法。我希望你把你自己所想到的寫一封回信給我。

第一章　我們對於一棵古松的三種態度

——實用的、科學的、美感的

我剛才說，一切事物都有幾種看法。你說一件事物是美的或是醜的，這也只是一種看法。換一個看法，你說它是眞的或是假的；再換一種看法，你說它是善的或是惡的。同是一件事物，看法有多種，所看出來的現象也就有多種。

比如園裡那一棵古松，無論是你是我或是任何人一看到它，都說它是古松。但是你從正面看，我從側面看，你以幼年人的心境去看，我以中年人的心境去看，這些情境和性格的差異都能影響到所看到的古松的面目。古松雖只是一件事物，你所看到的和我所看到的古松卻是兩件事。假如你和我各把所得的古松的印象畫成一幅畫或是寫成一首詩，我們倆藝術手腕儘管不分上下，你的詩和畫與我的詩和畫相比較，卻有許多重要的異點。這是什麼緣故呢？這就由於知覺不完全是客觀的，各人所見到的物的形象都帶有幾分主觀的色彩。

假如你是一位木商，我是一位植物學家，另外一位朋友是畫家，三人同時來看這棵古松。我們三人可以說同時都「知覺」到這一棵樹，可是三人所「知覺」到的卻是三種不同的東西。你脫離不了你的木商的心習，你所知覺到的只是一棵做某事用值幾多錢的木料。我也脫離不了我的植物學家的心習，我所知覺到的只是一棵葉爲針狀、果爲球狀、四季常青的顯花植物。我們的朋友——畫家——什麼事都不管，只管審美，他所知覺到的只是一棵蒼翠勁拔的古樹。我們三人的反應態度也不一致。你心裡盤算它是宜於架屋或是製器，思量怎樣去買它，砍它，運它。我把它歸到某類某科裡去，注意它和其他松樹的異點，思量它何以活得這樣老。我們的朋友卻不這樣東想西想，他只在聚精會神地觀賞它的蒼翠的顏色，它的盤曲如龍蛇的線紋以及它的昂然高舉、不受屈撓的氣概。

從此可知這棵古松並不是一件固定的東西，它的形象隨觀者的性格和情趣而變化。各人所見到的古松的形象都是各人自己性格和情趣的返照。古松的形象一半是天生的，一半也是人爲的。極平常的知覺都帶有幾分創造性；極客觀的東西之中都有幾分主觀的成分。

美也是如此。有審美的眼睛才能見到美。這棵古松對於我們的畫畫的朋友是美的，因為他去看它時就抱了美感的態度。你和我如果也想見到它的美，你須得把你那種木商的實用的態度丟開，我須得把植物學家的科學的態度丟開，專持美感的態度去看它。

這三種態度有什麼分別呢？

先說實用的態度。做人的第一件大事就是維持生活。既要生活，就要講究如何利用環境。「環境」包含我自己以外的一切人和物在內，這些人和物有些對於我的生活有益，有些對於我的生活有害，有些對於我不關痛癢。我對於他們於是有愛惡的情感，有屈就或逃避的意志和活動。這就是實用的態度。實用的態度起於實用的知覺，實用的知覺起於經驗。小孩子初出世，第一次遇見火就伸手去抓，被它燒痛了，以後他再遇見火，便認識它是什麼東西，便明瞭它是燒痛手指的，火對於他於是有意義。事物本來都是很混亂的，人為便利實用起見，才像被火燒過的小孩子根據經驗把四圍事物分類立名，說天天吃的東西叫做「飯」，天天穿的東西叫做「衣」，某種人是朋友，某種人是仇敵，於是事物才有所謂「意義」。意義大半都起於實用。在許多人看，衣除了是穿的、飯除了是吃的、女人除了是生小孩的一類意義之外，便尋不出其他意義。所謂「知覺」，就是感官接觸某種人或物時心裡明瞭他的意義。明瞭他的意義起初都只是明瞭他的實用。明瞭實用之後，才可以對他起反應動作，或是愛他，或是惡他，或是求他，或是拒他。木商看古松的態度便是如此。

科學的態度則不然。它純粹是客觀的、理論的。所謂客觀的態度就是把自己的成見和情感完全丟開，專以「無所為而為」的精神去探求眞理。理論是和實用相對的。理論本來可以見諸實用，但是科學家的直接目的卻不在於實用。科學家見到一個美人，不說我要去向她求婚，她可以替我生兒子，只說我看她這人很有趣味，我要來研究她的生理構造，分析她的心理組織。科學家見到一堆糞，不說它的氣味太壞，我要掩鼻走開，只說這堆糞是一個病人排泄的，我要分析它的化學成分，看看有沒有病菌在裡面。科學家自然也有見到美人就求婚、見到糞就掩鼻走開的時候，但是那時候他已經由科學家還到實際人的地位了。科學的態度之中很少有情感和意志，它的最重要的心理活動是抽象的思考。科學家要在這個混亂的世界中尋出事物的關係和條理，納個物於概念，從原理演個例，分出某者為因，某者為果，某者為特徵，某者為偶然性。植物學家看古松的態度便是如此。

木商由古松而想到架屋、製器、賺錢等等，植物學家由古松而想到根莖花葉、日光水分等等，他們的意識都不能停止在古松本身上面。不過把古松當作一塊踏腳石，由它跳到和它有關係的種種事物上面去。所以在實用的態度中和科學的態度中，所得到的事物的意象都不是獨立的、絕緣的，觀者的注意力都不是專注在所觀事物本身上面的。注意力的集中，意象的孤立絕緣，便是美感的態度的最大特點。比如我們的畫畫的朋友看古松，他把全副精神都注在松的本身上面，古松對於他便成了一個獨立自足的世界。他忘記他的妻子在家裡等柴燒飯，他忘記松樹在植物教科書裡叫做顯花植物，總而言之，古松完全占領住他的意識，古松以外的世界他都視而不見、聽而不聞了。他只把古松擺在心眼面前當作一幅畫去玩味。他不計較實用，所以心中沒有意志和欲念；他不推求關係、條理、因果等等，所以不用抽象的思考。這種脫淨了意志和抽象思考的心理活動叫做「直覺」，直覺所見到的孤立絕緣的意象叫做「形象」。美感經驗就是形象的直覺，美就是事物呈現形象於直覺時的特質。

實用的態度以善為最高目的，科學的態度以眞為最高目的，美感的態度以美為最高目的。在實用態度中，我們的注意力偏在事物對於人的利害，心理活動偏重意志；在科學的態度中，我們的注意力偏在事物間的互相關係，心理活動偏重抽象的思考；在美感的態度中，我們的注意力專在事物本身的形象，心理活動偏重直覺。眞善美都是人所定的價値，不是事物所本有的特質。離開人的觀點而言，事物都混然無別，善惡、眞僞、美醜就漫無意義。眞善美都含有若干主觀的成分。

就「用」字的狹義說，美是最沒有用處的。科學家的目的雖只在辨別眞僞，他所得的結果卻可效用於人類社會。美的事物如詩文、圖畫、雕刻、音樂等等都是寒不可以爲衣，飢不可以爲食的。從實用的觀點看，許多藝術家都是太不切實用的人物。然則我們又何必來講美呢？人性本來是多方的，需要也是多方的。眞善美三者具備才可以算是完全的人。人性中本有飲食欲，渴而無所飲，飢而無所食，固然是一種缺乏；人性中本有求知欲而沒有科學的活動，本有美的嗜好而沒有美感的活動，也未始不是一種缺乏。眞和美的需要也是人生中的一種飢渴——精神上的飢渴。疾病衰老的身體才沒有口腹的飢渴。同理，你遇到一個沒有精神上的飢渴的人或民族，你可以斷定他的心靈已到了疾病衰老的狀態。

人所以異於其他動物的就是於飲食男女之外還有更高尙的企求，美就是其中之一。是壺就可以貯茶，何必又求它形式、花樣、顏色都要好看呢？吃飽了飯就可以睡覺，何必又嘔心血去做詩、畫畫、奏樂呢？「生命」是與「活動」同義的，活動愈自由生命也就愈有意義。人的實用的活動全是有所爲而爲，是受環境需要限制的；人的美感的活動全是無所爲而爲，是環境不需要他活動而他自己願意去活動的。在有所爲而爲的活動中，人是環境需要的奴隸；在無所爲而爲的活動中，人是自己心靈的主宰。這是單就人說，就物說呢，在實用的和科學的世界中，事物都藉著和其他事物發生關係而得到意義，到了孤立絕緣時就都沒有意義；但是在美感世界中它卻能孤立絕緣，卻能在本身現出價值。照這樣看，我們可以說，美是事物的最有價值的一面，美感的經驗是人生中最有價值的一面。

許多轟轟烈烈的英雄和美人都過去了，許多轟轟烈烈的成功和失敗也都過去了，只有藝術作品眞正是不朽的。數千年前的〈采采卷耳〉和〈孔雀東南飛〉的作者還能在我們心裡點燃很強烈的火焰，雖然在當時他們不過是大皇帝腳下的不知名的小百姓。秦始皇併吞六國，統一車書，曹孟德帶八十萬人馬下江東，舳艫千里，旌旗蔽空，這些驚心動魄的成敗對於你有什麼意義？對於我有什麼意義？但是長城和〈短歌行〉對於我們還是很親切的，還可以使我們心領神會這些骸骨不存的精神氣魄。這幾段牆在，這幾句詩在，它們永遠對於人是親切的。由此例推，在幾千年或是幾萬年以後看現在紛紛擾擾的「帝國主義」、「反帝國主義」、「主席」、「代表」、「電影明星」之類對於人有什麼意義？我們這個時代是否也有類似長城和〈短歌行〉的紀念坊留給後人，讓他們覺得我們也還是很親切的麼？悠悠的過去只是一片漆黑的天空，我們所以還能認識出來這漆黑的天空者，全賴思想家和藝術家所散布的幾點星光。朋友，讓我們珍重這幾點星光！讓我們也努力散布幾點星光去照耀那和過去一般漆黑的未來！

第二章　當局者迷，旁觀者清

——藝術和實際人生的距離

有幾件事實我覺得很有趣味，不知道你有同感沒有？

我的寓所後面有一條小河通萊茵河。我在晚間常到那裡散步一次，走成了習慣，總是沿東岸去，過橋沿西岸回來。走東岸時我覺得西岸的景物比東岸的美；走西岸時適得其反，東岸的景物又比西岸的美。對岸的草木房屋固然比較這邊的美，但是它們又不如河裡的倒影。同是一棵樹，看它的正身本極平凡，看它的倒影卻帶有幾分另一世界的色彩。我平時又歡喜看煙霧朦朧的遠樹，大雪籠蓋的世界和更深夜靜的月景。本來是習見不以為奇的東西，讓霧、雪、月蓋上一層白紗，便見得很美麗。

北方人初看到西湖，平原人初看到峨嵋，雖然審美力薄弱的村夫，也驚訝它們的奇景；但在生長在西湖或峨嵋的人除了以居近名勝自豪以外，心裡往往覺得西湖和峨嵋實在也不過如此。新奇的地方都比熟悉的地方美，東方人初到西方，或是西方人初到東方，都往往覺得面前景物件件值得玩味。本地人自以爲不合時尙的服裝和舉動，在外方人看，卻往往有一種美的意味。

古董癖也是很奇怪的。一個周朝的銅鼎或是一個漢朝的瓦瓶，在當時也不過是盛酒盛肉的日常用具，在現在卻變成很稀有的藝術品。固然有些好古董的人是貪它值錢，但是覺得古董實在可玩味的人卻不少。我到外國人家去時，主人常歡喜拿一點中國東西給我看。這總不外瓷羅漢、蟒袍、漁樵耕讀圖之類的裝飾品，我看到每每覺得羞澀，而主人卻誠心誠意地誇獎它們好看。

種田人常羨慕讀書人，讀書人也常羨慕種田人。竹籬瓜架旁的黃粱濁酒和朱門大廈中的山珍海鮮，在旁觀者所看出來的滋味都比當局者親口嘗出來的好。讀陶淵明的詩，我們常覺到農人的生活眞是理想的生活，可是農人自己在烈日寒風之中耕作時所嘗到的況味，絕不似陶淵明所描寫的那樣閒逸。

人常是不滿意自己的境遇而羨慕他人的境遇，所以俗語說：「家花不比野花香。」人對於現在和過去的態度也有同樣的分別。本來是很酸辛的遭遇，到後來往往變成很甜美的回憶。我小時在鄉下住，早晨看到的是那幾座茅屋，幾畦田，幾排青山，晚上看到的也還是那幾座茅屋，幾畦田，幾排青山，覺得它們眞是單調無味，現在回憶起來，卻不免有些留戀。

這些經驗你一定也注意到的。它們是什麼緣故呢？

這全是觀點和態度的差別。看倒影，看過去，看旁人的境遇，看稀奇的景物，都好比站在陸地上遠看海霧，不受實際的切身的利害牽絆，能安閒自在地玩味目前美妙的景致。看正身，看現在，看自己的境遇，看習見的景物，都好比乘海船遇著海霧，只知它妨礙呼吸，只嫌它耽誤程期，預兆危險，沒有心思去玩味它的美妙。持實用的態度看事物，它們都只是實際生活的工具或障礙物，都只能引起欲念或嫌惡。要見出事物本身的美，我們一定要從實用世界跳開，以「無所爲而爲」的精神欣賞它們本身的形象。總而言之，美和實際人生有一個距離，要見出事物本身的美，須把它擺在適當的距離之外去看。

再就上面的實例說，樹的倒影何以比正身美呢？它的正身是實用世界中的一片段，它和人發生過許多實用的關係。人一看見它，不免想到它在實用上的意義，發生許多實際生活的聯想。它是避風息涼的或是架屋燒火的東西。在散步時我們沒有這些需要，所以就覺得它沒有趣味。倒影是隔著一個世界的，是幻境的，是與實際人生無直接關聯的。我們一看到它，就立刻注意到它的輪廓線紋和顏色，好比看一幅圖畫一樣。這是形象的直覺，所以是美感的經驗。總而言之，正身和實際人生沒有距離，倒影和實際人生有距離，美的差別即起於此。

同理，遊歷新境時最容易見出事物的美。習見的環境都已變成實用的工具。比如我久住在一個城市裡面，出門看見一條街就想到朝某方向走是某家酒店，朝某方向走是某家銀行；看見了一座房子就想到它是某個朋友的住宅，或是某個總長的衙門。這樣的「由盤而之鐘」，我的注意力就遷到旁的事物上去，不能專心致志地看這條街或是這座房子究竟像個什麼樣子。在嶄新的環境中，我還沒有認識事物的實用的意義，事物還沒有變成實用的工具，一條街還只是一條街而不是到某銀行或某酒店的指路標，一座房子還只是某顏色某線形的組合而不是私家住宅或是總長衙門，所以我能見出它們本身的美。

一件本來惹人嫌惡的事情，如果你把它推遠一點看，往往可以成為很美的意象。卓文君不守寡，私奔司馬相如，陪他當壚賣酒。我們現在把這段情史傳為佳話。我們讀李長吉的「長卿懷茂陵，綠草垂石井，彈琴看文君，春風吹鬢影」幾句詩，覺得它是多麼幽美的一幅畫！但是在當時人看，卓文君失節卻是一件穢行醜跡。袁子才嘗刻一方「錢塘蘇小是鄉親」的印，看他的口吻是多麼自豪！但是錢塘蘇小究竟是怎樣的一個偉人？她原來不過是南朝的一個妓女。和這個妓女同時的人誰肯攀她做「鄉親」呢？當時的人受實際問題的牽絆，不能把這些人物的行爲從極繁複的社會信仰和利害觀念的圈套中畫出來，當作美麗的意象來觀賞。我們在時過境遷之後，不受當時的實際問題的牽絆，所以能把它們當作有趣的故事來談。它們在當時和實際人生的距離太近，到現在則和實際人生距離較遠了，好比經過一些年代的老酒，已失去它的原來的辣性，只留下純淡的滋味。

一般人迫於實際生活的需要，都把利害認得太眞，不能站在適當的距離之外去看人生世相，於是這豐富華嚴的世界，除了可效用於飲食男女的營求之外，便無其他意義。他們一看到瓜就想它是可以摘來吃的，一看到漂亮的女子就起性欲的衝動。他們完全是占有欲的奴隸。花長在園裡何嘗不可以供欣賞？他們卻歡喜把它摘下來掛在自己的襟上或是插在自己的瓶裡。一個海邊的農夫逢人稱讚他的門前海景時，便很羞澀的回過頭來指著屋後一園菜說：「門前雖沒有什麼可看的，屋後這一園菜卻還不差。」許多人如果不知道周鼎漢瓶是很值錢的古董，我相信他們寧願要一個不易打爛的鐵鍋或瓷罐，不願要那些不能煮飯藏菜的破銅破鐵。這些人都是不能在藝術品或自然美和實際人生之中維持一種適當的距離。

藝術家和審美者的本領就在能不讓屋後的一園菜壓倒門前的海景，不拿盛酒盛菜的標準去估定周鼎漢瓶的價值，不把一條街當作到某酒店和某銀行去的指路標。他們能跳開利害的圈套，只聚精會神地觀賞事物本身的形象。他們知道在美的事物和實際人生之中維持一種適當的距離。

我說「距離」時總不忘冠上「適當的」三個字，這是要注意的。「距離」可以太過，可以不及。藝術一方面要能使人從實際生活牽絆中解放出來，一方面也要使人能了解，能欣賞，「距離」不及，容易使人回到實用世界，距離太遠，又容易使人無法了解欣賞。這個道理可以拿一個淺例來說明。

王漁洋的〈秋柳詩〉中有兩句說：「相逢南雁皆愁侶，好語西烏莫夜飛。」在不知這詩的歷史的人看來，這兩句詩是漫無意義的，這就是說，它的距離太遠，讀者不能了解它，所以無法欣賞它。〈秋柳詩〉原來是悼明亡的，「南雁」是指國亡無所依附的故舊大臣，「西烏」是指有意屈節降清的人物。假使讀這兩句詩的人自己也是一個「遺老」，他對於這兩句詩的情感一定比旁人較能了解。但是他不一定能取欣賞的態度，因爲他容易看這兩句詩而自傷身世，想到種種實際人生問題上面去，不能把注意力專注在詩的意象上面，這就是說，〈秋柳詩〉對於他的實際生活距離太近了，容易把他由美感的世界引回到實用的世界。

許多人歡喜從道德的觀點來談文藝，從韓昌黎的「文以載道」說起，一直到現代「革命文學」以文學爲宣傳的工具止，都是把藝術硬拉回到實用的世界裡去。一個鄉下人看戲，看見演曹操的角色扮老奸巨猾的樣子唯妙唯肖，不覺義憤塡胸，提刀跳上舞臺，把他殺了。從道德的觀點評藝術的人們都有些類似這位殺曹操的鄉下佬，義氣雖然是義氣，無奈是不得其時，不得其地。他們不知道道德是實際人生的規範，而藝術是與實際人生有距離的。

藝術須與實際人生有距離，所以藝術與極端的寫實主義不相容。寫實主義的理想在妙肖人生和自然，但是藝術如果眞正做到妙肖人生和自然的境界，總不免把觀者引回到實際人生，使他的注意力旁遷於種種無關美感的問題，不能專心致志地欣賞形象本身的美。比如裸體女子的照片常不免容易刺激性欲，而裸體雕像如「密羅斯愛神」，裸體畫像如法國安格爾的〈汲泉女〉，都只能令人肅然起敬。這是什麼緣故呢？這就是因爲照片太逼肖自然，容易像實物一樣引起人的實用的態度；雕刻和圖畫都帶有若干形式化和理想化，都有幾分不自然，所以不易被人誤認為實際人生中的一片段。

藝術上有許多地方，乍看起來，似乎不近情理。古希臘和中國舊戲的角色往往帶面具，穿高底鞋，表演時用歌唱的聲調，不像平常說話。埃及雕刻對於人體加以抽象化，往往千篇一律。波斯圖案畫把人物的肢體加以不自然的扭曲，中世紀「哥特式」諸大教寺的雕像把人物的肢體加以不自然的延長。中國和西方古代的畫都不用遠近陰影。這種藝術上的形式化往往遭淺人唾罵，它固然時有流弊，其實也含有至理。這些風格的創始者都未嘗不知道它不自然，但是他們的目的正在使藝術和自然之中有一種距離。說話不押韻，不論平仄，做詩卻要押韻，要論平仄，道理也是如此。藝術本來是彌補人生和自然缺陷的。如果藝術的最高目的僅在妙肖人生和自然，我們既已有人生和自然了，又何取乎藝術呢？

藝術都是主觀的，都是作者情感的流露，但是它一定要經過幾分客觀化。藝術都要有情感，但是只有情感不一定就是藝術。許多人本來是笨伯而自信是可能的詩人或藝術家。他們常埋怨道：「可惜我不是一個文學家，否則我的生平可以寫成一部很好的小說。」富於藝術材料的生活何以不能產生藝術呢？藝術所用的情感並不是生糙的而是經過反省的。蔡琰在丟開親生子回國時絕寫不出〈悲憤詩〉，杜甫在「人門聞號咷，幼子飢已卒」時絕寫不出〈自京赴奉先縣詠懷五百字〉。這兩首詩都是「痛定思痛」的結果。藝術家在寫切身的情感時，都不能同時在這種情感中過活，必定把它加以客觀化，必定由站在主位的嘗受者退爲站在客位的觀賞者。一般人不能把切身的經驗放在一種距離以外去看，所以情感儘管深刻，經驗儘管豐富，終不能創造藝術。

第三章　子非魚，安知魚之樂？

——宇宙的人情化

莊子與惠子遊於濠梁之上。

莊子曰：「鯈魚出游從容，是魚樂也！」

惠子曰：「子非魚，安知魚之樂？」

莊子曰：「子非我，安知我不知魚之樂？」

這是《莊子．秋水》篇裡的一段故事，是你平時所歡喜玩味的。我現在藉這段故事來說明美感經驗中的一個極有趣味的道理。

我們通常都有「以己度人」的脾氣，因為有這個脾氣，對於自己以外的人和物才能了解。嚴格地說，各個人都只能直接地了解他自己，都只能知道自己處某種境地，有某種知覺，生某種情感。至於知道旁人旁物處某種境地、有某種知覺、生某種情感時，則是憑自己的經驗推測出來的。比如我知道自己在笑時心裡歡喜，在哭時心裡悲痛，看到旁人笑也就以爲他心裡歡喜，看見旁人哭也以爲他心裡悲痛。我知道旁人旁物的知覺和情感如何，都是拿自己的知覺和情感來比擬的。我只知道自己，我知道旁人旁物時是把旁人旁物看成自己，或是把自己推到旁人旁物的地位。莊子看到儵魚「出游從容」便覺得牠樂，因爲他自己對於「出游從容」的滋味是有經驗的。人與人，人與物，都有共同之點，所以他們都有互相感通之點。假如莊子不是魚就無從知魚之樂，每個人就要各成孤立世界，和其他人物都隔著一層密不通風的牆壁，人與人以及人與物之中便無心靈交通的可能了。

這種「推己及物」、「設身處地」的心理活動不盡是有意的，出於理智的，所以它往往發生幻覺。魚沒有反省的意識，是否能夠像人一樣「樂」，這種問題大概在莊子時代的動物心理學也還沒有解決，而莊子硬拿「樂」字來形容魚的心境，其實不過把他自己的「樂」的心境外射到魚的身上罷了，他的話未必有科學的謹嚴與精確。我們知覺外物，常把自己所得的感覺外射到物的本身上去，把它誤認爲物所固有的屬性，於是本來在我的就變成在物的了。比如我們說「花是紅的」時，是把紅看作花所固有的屬性，好像是以爲縱使沒有人去知覺它，它也還是在那裡。其實花本身只有使人覺到紅的可能性，至於紅卻是視覺的結果。紅是長度為若干的光波射到眼球網膜上所生的印象。如果光波長一點或是短一點，眼球網膜的構造換一個樣子，紅的色覺便不會發生。患色盲的人根本就不能辨別紅色，就是眼睛健全的人在薄暮光線暗淡時也不能把紅色和綠色分得清楚，從此可知嚴格地說，我們只能說「我覺得花是紅的」。我們通常都把「我覺得」三字略去而直說「花是紅的」，於是在我的感覺遂被誤認為在物的屬性了。日常對於外物的知覺都可作如是觀。「天氣冷」其實只是「我覺得天氣冷」，魚也許和我不一致；「石頭太沉重」其實只是「我覺得它太沉重」，大力士或許還嫌它太輕。

雲何嘗能飛？泉何嘗能躍？我們卻常說雲飛泉躍；山何嘗能鳴？谷何嘗能應？我們卻常說山鳴谷應。在說雲飛泉躍、山鳴谷應時，我們比說花紅石頭重，又更進一層了。原來我們只把在我的感覺誤認為在物的屬性，現在我們卻把無生氣的東西看成有生氣的東西，把它們看作我們的儕輩，覺得它們也有性格，也有情感，也能活動。這兩種說話的方法雖不同，道理卻是一樣，都是根據自己的經驗來了解外物。這種心理活動通常叫做「移情作用」。

「移情作用」是把自己的情感移到外物身上去，彷彿覺得外物也有同樣的情感。這是一個極普遍的經驗。自己在歡喜時，大地山河都在揚眉帶笑；自己在悲傷時，風雲花鳥都在嘆氣凝愁。惜別時蠟燭可以垂淚，興到時青山亦覺點頭。柳絮有時「輕狂」，晚峰有時「清苦」。陶淵明何以愛菊呢？因爲他在傲霜殘枝中見出孤臣的勁節；林和靖何以愛梅呢？因爲他在暗香疏影中見出隱者的高標。

從這幾個實例看，我們可以看出移情作用是和美感經驗有密切關係的。移情作用不一定就是美感經驗，而美感經驗卻常含有移情作用。美感經驗中的移情作用不單是由我及物的，同時也是由物及我的；它不僅把我的性格和情感移注於物，同時也把物的姿態吸收於我。所謂美感經驗，其實不過是在聚精會神之中，我的情趣和物的情趣往復回流而已。

姑先說欣賞自然美。比如我在觀賞一棵古松，我的心境是什麼樣狀態呢？我的注意力完全集中在古松本身的形象上，我的意識之中除了古松的意象之外，一無所有。在這個時候，我的實用的意志和科學的思考都完全失其作用，我沒有心思去分別我是我而古松是古松。古松的形象引起清風亮節的類似聯想，我心中便隱約覺到清風亮節所常伴著的情感。因爲我忘記古松和我是兩件事，我就於無意之中把這種清風亮節的氣概移置到古松上面去，彷佛古松原來就有這種性格。同時我又不知不覺地受古松的這種性格影響，自己也振作起來，模仿它那一副蒼老勁拔的姿態。所以古松儼然變成一個人，人也儼然變成一棵古松。眞正的美感經驗都是如此，都要達到物我同一的境界，在物我同一的境界中，移情作用最容易發生，因爲我們根本就不分辨所生的情感到底是屬於我還是屬於物的。

再說欣賞藝術美。比如說聽音樂，我們常覺得某種樂調快活，某種樂調悲傷。樂調自身本來只有高低、長短、急緩、宏纖的分別，而不能有快樂和悲傷的分別。換句話說，樂調只能有物理而不能有人情。我們何以覺得這本來只有物理的東西居然有人情呢？這也是由於移情作用。這裡的移情作用是如何起來的呢？音樂的命脈在節奏。節奏就是長短、高低、急緩、宏纖相繼承的關係。這些關係前後不同，聽者所費的心力和所用的心的活動也不一致。因此聽者心中自起一種節奏和音樂的節奏相平行。聽一曲高而緩的調子，心力也隨之作一種高而緩的活動；聽一曲低而急的調子，心力也隨之作一種低而急的活動。這種高而緩或是低而急的心力活動，常蔓延浸潤到全部心境，使它變成和高而緩的活動或是低而急的活動相同調，於是聽者心中遂感覺一種歡欣鼓舞或是抑鬱淒惻的情調。這種情調本來屬於聽者，在聚精會神之中，他把這種情調外射出去，於是音樂也就有快樂和悲傷的分別了。

再比如說書法。書法在中國向來自成藝術，和圖畫有同等的身分，近來才有人懷疑它是否可以列於藝術，這般人大概是看到西方藝術史中向來不留位置給書法，所以覺得中國人看重書法有些離奇。其實書法可列於藝術，是無可置疑的。它可以表現性格和情趣。顏魯公的字就像顏魯公，趙孟頫的字就像趙孟頫。所以字也可以說是抒情的，不但是抒情的，而且是可以引起移情作用的。橫直鉤點等等筆畫原來是墨塗的痕跡，它們不是高人雅士，原來沒有什麼「骨力」、「姿態」、「神韻」和「氣魄」。但是在名家書法中我們常覺到「骨力」、「姿態」、「神韻」和「氣魄」。我們說柳公權的字「勁拔」，趙孟頫的字「秀媚」，這都是把墨塗的痕跡看作有生氣有性格的東西，都是把字在心中所引起的意象移到字的本身上面去。

移情作用往往帶有無意的模仿。我在看顏魯公的字時，彷彿對著巍峨的高峰，不知不覺地聳肩聚眉，全身的筋肉都緊張起來，模仿它的嚴肅；我在著趙孟頫的字時，彷彿對著臨風蕩漾的柳條，不知不覺地展頤擺腰，全身的筋肉都鬆懈起來，模仿它的秀媚。從心理學看，這本來不是奇事。凡是觀念都有實現於運動的傾向。念到跳舞時腳往往不自主地跳動，念到「山」字時口舌往往不由自主地說出「山」字。通常觀念往往不能實現於動作者，由於同時有反對的觀念阻止它。同時念到打球又念到泅水，則既不能打球，又不能泅水。如果心中只有一個觀念，沒有旁的觀念和它對敵，則它常自動地現於運動。聚精會神看賽跑時，自己也往往不知不覺地彎起胳膊動起腳來，便是一個好例。在美感經驗之中，注意力都是集中在一個意象上面，所以極容易起模仿的運動。

移情的現象可以稱之為「宇宙的人情化」，因為有移情作用然後本來只有物理的東西可具人情，本來無生氣的東西可有生氣。從理智觀點看，移情作用是一種錯覺，是一種迷信。但是如果把它勾銷，不但藝術無由產生，即宗教也無由出現。藝術和宗教都是把宇宙加以生氣化和人情化，把人和物的距離以及人和神的距離都縮小。它們都帶有若干神祕主義的色彩。所謂神祕主義其實並沒有什麼神祕，不過是在尋常事物之中見出不尋常的意義。這仍然是移情作用。從一草一木之中見出生氣和人情以至於極玄奧的泛神主義，深淺程度雖有不同，道理卻是一樣。

美感經驗既是人的情趣和物的姿態的往復回流，我們可以從這個前提中抽出兩個結論來：

一、物的形象是人的情趣的返照。物的意蘊深淺和人的性分密切相關。深人所見於物者亦深，淺人所見於物者亦淺。比如一朵含露的花，在這個人看來只是一朵平常的花，在那個人看或以為它含淚凝愁，在另一個人看或以為它能象徵人生和宇宙的妙諦。一朵花如此，一切事物也是如此。因我把自己的意蘊和情趣移於物，物才能呈現我所見到的形象。我們可以說，各人的世界都由各人的自我伸張而成。欣賞中都含有幾分創造性。

二、人不但移情於物，還要吸收物的姿態於自我，還要不知不覺地模仿物的形象。所以美感經驗的直接目的雖不在陶冶性情，而卻有陶冶性情的功效。心裡印著美的意象，常受美的意象浸潤，自然也可以少存些濁念。蘇東坡詩說：「寧可食無肉，不可居無竹；無肉令人瘦，無竹令人俗。」竹不過是美的形象之一種，一切美的事物都有不令人俗的功效。

第四章 希臘女神的雕像和血色鮮麗的英國姑娘

——美感與快感

我在以上三章所說的話都是回答「美感是什麼」這個問題。我們說過，美感起於形象的直覺。它有兩個要素：

一、目前意象和實際人生之中有一種適當的距離。我們只觀賞這種孤立絕緣的意象，一不問它和其他事物的關係如何，二不問它對於人的效用如何。思考和欲念都暫時失其作用。

二、在觀賞這種意象時，我們處於聚精會神以至於物我兩忘的境界，所以於無意之中以我的情趣移注於物，以物的姿態移注於我。這是一種極自由的（因爲是不受實用目的牽絆的）活動，說它是欣賞也可，說它是創造也可，美就是這種活動的產品，不是天生現成的。

這是我們的立腳點。在這個立腳點上站穩，我們可以打倒許多關於美感的誤解。在以下兩三章裡我要說明美感不是許多人所想像的那麼一回事。

我們第一步先打倒享樂主義的美學。

「美」字是不要本錢的，喝一杯滋味好的酒，你稱讚它「美」，看見一朵顏色很鮮明的花，你稱讚它「美」，碰見一位年輕姑娘，你稱讚她「美」，讀一首詩或是看一座雕像，你也還是稱讚它「美」。這些經驗顯然不盡是一致的。究竟怎樣才算「美」呢？一般人雖然不知道什麼叫做「美」，但是都知道什麼樣就是愉快。拿一幅畫給一個小孩子或是未受藝術教育的人看，徵求他的意見，他總是說「很好看」。如果追問他「它何以好看？」他不外是回答說：「我歡喜看它，看了它就覺得很愉快。」通常人所謂「美」大半就是指「好看」，指「愉快」。

不僅是普通人如此，許多聲名烜赫的文藝批評家也把美感和快感混爲一件事。英國十九世紀有一位學者叫做羅斯金，他著過幾十冊書談建築和圖畫，就曾經很坦白地告訴人說：「我從來沒有看見過一座希臘女神雕像，有一位血色鮮麗的英國姑娘的一半美。」從愉快的標準看，血色鮮麗的姑娘引誘力自然是比女神雕像的大；但是你覺得一位姑娘「美」和你覺得一座女神雕像「美」時是否相同呢？《紅樓夢》裡的劉姥姥想來不一定有什麼風韻，雖然不能邀羅斯金的青眼，在藝術上卻仍不失其爲美。一個很漂亮的姑娘同時做許多畫家的「模特兒」，可是她的畫像在一百張之中不一定有一張比得上倫勃朗（荷蘭人物畫家）的「老太婆」。英國姑娘的「美」和希臘女神雕像的「美」顯然是兩件事，一個是只能引起快感的，一個是只能引起美感的。羅斯金的錯誤在把英國姑娘的引誘性做「美」的標準，去測量藝術作品。藝術是另一世界裡的東西，對於實際人生沒有引誘性，所以他以為比不上血色鮮麗的英國姑娘。

美感和快感究竟有什麼分別呢？有些人見到快感不盡是美感，替它們勉強定一個分別來，卻又往往不符事實。英國有一派主張「享樂主義」的美學家就是如此。他們所見到的分別彼此又不一致。有人說耳、目是「高等感官」，其餘鼻、舌、皮膚、筋肉等等都是「低等感官」，只有「高等感官」可以嘗到美感而「低等感官」則只能嘗到快感。有人說引起美感的東西可以同時引起許多人的美感，引起快感的東西則對於這個人引起快感，對於那個人或引起不快感。美感有普遍性，快感沒有普遍性。這些學說在歷史上都發生過影響，如果分析起來，都是一錢不值。拿什麼標準說耳、目是「高等感官」？耳、目得來的有些是美感，有些也只是快感，我們如何去分別？「客去茶香餘舌本」、「冰肌玉骨，自清涼無汗」等名句是否與「低等感官」不能得美感之說相容？至於普遍不普遍的話更不足爲憑。口腹有同嗜而藝術趣味卻往往隨人而異。陳年花雕是吃酒的人大半都稱讚它美的，一般人卻不能欣賞後期印象派的圖畫。我曾經聽過一位很時髦的英國老太婆說道：「我從來沒有見過比金字塔再拙劣的東西。」

從我們的立腳點看，美感和快感是很容易分別的。美感與實用活動無關，而快感則起於實際要求的滿足。口渴時要喝水，喝了水就得到快感；腹飢時要吃飯，吃了飯也就得到快感。喝美酒所得的快感由於味感得到所需要的刺激，和飽食暖衣的快感同爲實用的，並不是起於「無所爲而爲」的形象的觀賞。至於看血色鮮麗的姑娘，可以生美感也可以不生美感。如果你覺得她是可愛的，給你做妻子你還不討厭她，你所謂「美」就只是指合於滿足性欲需要的條件，「美人」就只是指對於異性有引誘力的女子。如果你見了她不起性欲的衝動，只把她當作線紋勻稱的形象看，那就和欣賞雕像或畫像一樣了。美感的態度不帶意志，所以不帶占有欲。在實際上性欲本能是一種最強烈的本能，看見血色鮮麗的姑娘而能「心如古井」地不動，只一味欣賞曲線美，是一般人所難能的。所以就美感說，羅斯金所稱讚的血色鮮麗的英國姑娘對於實際人生距離太近，不一定比希臘女神雕像的價值高。

談到這裡，我們可以順便地說一說佛洛伊德派心理學在文藝上的應用。大家都知道，佛洛伊德把文藝認為是性欲的表現。性欲是最原始最強烈的本能，在文明社會裡，它受道德、法律種種社會的牽制，不能得充分的滿足，於是被壓抑到「隱意識」裡去成為「情意綜」。但是這種被壓抑的欲望還是要偷空子化裝求滿足。文藝和夢一樣，都是帶著假面具逃開意識檢察的欲望。舉一個例來說。男子通常都特別愛母親，女子通常都特別愛父親。依佛洛伊德看，這就是性愛。這種性愛是反乎道德法律的，所以被壓抑下去，在男子則成「伊底帕斯情意綜」，在女子則成「愛勒屈拉情意綜」。這兩個奇怪的名詞是怎樣講呢？伊底帕斯原來是古希臘的一個王子，曾於無意中弒父娶母，所以他可以象徵子對於母的性愛。愛勒屈拉是古希臘的一個公主，她的母親愛了一個男子把丈夫殺了，她慫恿她的兄弟把母親殺了，替父親報仇，所以她可以象徵女對於父的性愛。在許多民族的神話裡面，偉大的人物都有母而無父，耶穌和孔子就是著例，耶穌是上帝授胎的，孔子之母禱於尼丘而生孔子。在佛洛伊德派學者看，這都是「伊底帕斯情意綜」的表現。許多文藝作品都可以用這種眼光來看，都是被壓抑的性欲因化裝而得滿足。

依這番話看，佛洛伊德的文藝觀還是要納到享樂主義裡去，他自己就常歡喜用「快感原則」這個名詞。在我們看，他的毛病也在把快感和美感混淆，把藝術的需要和實際人生的需要混淆。美感經驗的特點在「無所爲而爲」地觀賞形象。在創造或欣賞的一剎那中，我們不能仍然在所表現的情感裡過活，一定要站在客位把這種情感當一幅意象去觀賞。如果作者寫性愛小說，讀者看性愛小說，都是爲著滿足自己的性欲，那就無異於爲著飢而吃飯，爲著冷而穿衣，只是實用的活動而不是美感的活動了。文藝的內容儘管有關性欲，可是我們在創造或欣賞時卻不能同時受性欲衝動的驅遣，須站在客位把它當作形象看。世間自然也有許多人歡喜看淫穢的小說去刺激性欲或是滿足性欲，但是他們所得的並不是美感。佛洛伊德派的學者的錯處不在主張文藝常是滿足性欲的工具，而在把這種滿足認爲美感。

美感經驗是直覺的而不是反省的。在聚精會神之中我們既忘去自我，自然不能覺得我是否歡喜所觀賞的形象，或是反省這形象所引起的是不是快感。我們對於一件藝術作品欣賞的濃度愈大，就愈不覺得自己是在欣賞它，愈不覺得所生的感覺是愉快的。如果自己覺得快感，我便是由直覺變而爲反省，好比提燈尋影，燈到影滅，美感的態度便已失去了。美感所伴的快感，在當時都不覺得，到過後才回憶起來。比如讀一首詩或是看一幕戲，當時我們只是心領神會，無暇他及，後來回想，才覺得這一番經驗很愉快。

這個道理一經說破，本來很容易了解。但是許多人因爲不明白這個很淺顯的道理，遂走上迷路。近來德國和美國有許多研究「實驗美學」的人就是如此。他們拿一些顏色、線形或是音調來請受驗者比較，問他們歡喜哪一種，討厭哪一種，然後作出統計來，說某種顏色是最美的，某種線形是最醜的。獨立的顏色和畫中的顏色本來不可相提並論。在藝術上部分之和並不等於全體，而且最易引起快感的東西也不一定就美。他們的錯誤是很顯然的。

第五章　記得綠羅裙，處處憐芳草

——美感與聯想

美感與快感之外，還有一個更易惹誤解的糾紛問題，就是美感與聯想。

什麼叫做聯想呢？聯想就是見到甲而想到乙。甲喚起乙的聯想通常不外起於兩種原因：或是甲和乙在性質上相類似，例如：看到春光想起少年，看到菊花想到節士；或是甲和乙在經驗上曾相接近，例如：看到扇子想起螢火蟲，走到赤壁想起曹孟德或蘇東坡。類似聯想和接近聯想有時混在一起，牛希濟的「記得綠羅裙，處處憐芳草」兩句詞就是好例。詞中主人何以「記得綠羅裙」呢？因為羅裙和他的歡愛者相接近；他何以「處處憐芳草」呢？因為芳草和羅裙的顏色相類似。

意識在活動時就是聯想在進行，所以我們差不多時時刻刻都在起聯想。聽到聲音知道說話的是誰，見到一個詞知道它的意義，都是起於聯想作用。聯想是以舊經驗詮釋新經驗，如果沒有它，知覺、記憶和想像都不能發生，因爲它們都得根據過去的經驗。從此可知聯想爲用之廣。

聯想有時可用意志控制，作文構思時或追憶一時記不起的過去經驗時，都是勉強把聯想擠到一條路上去走。但是在大多數情境之中，聯想是自由的，無意的，飄忽不定的。聽課讀書時本想專心，而打球、散步、吃飯、鄰家的貓兒種種意象總是不由你自主地闖進腦裡來，失眠時愈怕胡思亂想，愈禁止不住胡思亂想。這種自由聯想好比水流溼，火就燥，稍有勾搭，即被牽絆，未登九天，已入黃泉。比如我現在從「火」字出發，就想到紅、石榴、家裡的天井、浮山、雷鯉的詩、鯉魚，孔夫子的兒子等等，這個聯想線索前後相承，雖有關係可尋，但是這些關係都是偶然的。我的「火」字的聯想線索如此，換一個人或是我自己在另一時境，「火」字的聯想線索卻另是一樣。從此可知聯想的散漫飄忽。

聯想的性質如此。多數人覺得一件事物美時，都是因爲它能喚起甜美的聯想。

在「記得綠羅裙，處處憐芳草」的人看，芳草是很美的。顏色心理學中有許多同類的事實。許多人對於顏色都有所偏好，有人偏好紅色，有人偏好青色，有人偏好白色。據一派心理學家說，這都是由於聯想作用。例如：

紅是火的顏色，所以看到紅色可以使人覺得溫暖；青是田園草木的顏色，所以看到青色可以使人想到鄉村生活的安閒。許多小孩子和鄉下人看畫，都只是歡喜它的花紅柳綠的顏色。有些人看畫，歡喜它裡面的故事，鄉下人歡喜把孟姜女、薛仁貴、桃園三結義的圖糊在壁上做裝飾，並不是因為那些木板雕刻的圖好看，是因為它們可以提起許多有趣故事的聯想。這種脾氣並不只是鄉下人才有。我每次陪朋友們到畫館裡去看畫，見到他們所特別注意的第一是幾張有聲名的畫，第二是有歷史性的作品如耶穌臨刑圖、拿破崙結婚圖之類，像倫勃朗所畫的老太公、老太婆，和後期印象派的山水風景之類的作品，他們卻不屑一顧。此外又有些人看畫（和看一切其他藝術作品一樣），偏重它所含的道德教訓。道學先生看到裸體雕像或畫像，都不免起若干嫌惡。記得詹姆士在他的某一部書裡說過有一次見過一位老修道婦，站在一幅耶穌臨刑圖面前合掌仰視，悠然神往。旁邊人問她那幅畫何如，她回答說：「美極了，你看上帝是多麼仁慈，讓自己的兒子去犧牲，來贖人類的罪孽！」

在音樂方面，聯想的勢力更大。多數人在聽音樂時，除了聯想到許多美麗的意象之外，便別無所得。他們歡喜這個調子，因為它使他們想起清風明月；不歡喜那個調子，因爲它喚醒他們以往的悲痛的記憶。鍾子期何以負知音的雅名？因他聽伯牙彈琴時，驚嘆說：「善哉！峨峨兮若泰山，洋洋兮若江河。」李頎在胡笳聲中聽到什麼？他聽到的是「空山百鳥散還合，萬里浮雲陰且晴」。白樂天在琵琶聲中聽到什麼？他聽到的是「銀瓶乍破水漿迸，鐵騎突出刀槍鳴」。蘇東坡怎樣形容洞簫？他說：「其聲嗚嗚然，如怨如慕，如泣如訴。餘音裊裊，不絕如縷。舞幽谷之潛蛟，泣孤舟之嫠婦。」這些數不盡的例子都可以證明多數人欣賞音樂，都是欣賞它所喚起的聯想。

聯想所伴的快感是不是美感呢？

歷來學者對於這個問題可分兩派，一派的答案是肯定的，一派的答案是否定的。這個爭辯就是在文藝思潮史中鬧得很凶的形式和內容的爭辯。依內容派說，文藝是表現情思的，所以文藝的價值要看它的情思內容如何而決定。第一流文藝作品都必有高深的思想和眞摯的情感。這句話本來是不可辯駁的。但是側重內容的人往往從這個基本原理抽出兩個其他的結論，第一個結論是題材的重要。所謂題材就是情節。他們以爲有些情節能喚起美麗堂皇的聯想，有些情節只能喚起醜陋凡庸的聯想。比如做史詩和悲劇，只應採取英雄爲主角，不應採取愚夫愚婦。第二個結論就是文藝應含有道德的教訓。

讀者所生的聯想既隨作品內容爲轉移，則作者應設法把讀者引到正經路上去，不要用淫穢卑鄙的情節搖動他的邪思。這些學說發源較早，它們的影響到現在還是很大。從前人所謂「思無邪」、「言之有物」、「文以載道」，現在人所謂「哲理詩」、「宗教藝術」、「革命文學」等等，都是側重文藝的內容和文藝的無關美感的功效。

這種主張在近代頗受形式派的攻擊，形式派的標語是「爲藝術而藝術」。他們說，兩個畫家同用一個模特兒，所成的畫價值有高低；兩個文學家同用一個故事，所成的詩文意蘊有深淺。許多大學問家、大道德家都沒有成爲藝術家，許多藝術家並不是大學問家、大道德家。從此可知藝術之所以爲藝術，不在內容而在形式。如果你不是藝術家，縱有極好的內容，也不能產生好作品出來；反之，如果你是藝術家，極平庸的東西經過靈心妙運點鐵成金之後，也可以成爲極好的作品。印象派大師如莫內、梵谷諸人不是往往在一張椅子或是幾間破屋之中表現一個情深意永的世界出來麼？這一派學說到近代才逐漸占勢力。在文學方面的浪漫主義，在圖畫方面的印象主義，尤其是後期印象主義，在音樂方面的形式主義，都是看輕內容的。單拿圖畫來說，一般人看畫，都先問裡面畫的是什麼，是怎樣的人物或是怎樣的故事。

這些東西在術語上叫做「表意的成分」。近代有許多畫家就根本反對畫中有任何「表意的成分」。看到一幅畫，他們只注意它的顏色、線紋和陰影，不問它裡面有什麼意義或是什麼故事。假如你看到這派的作品，你起初只望見許多顏色湊合在一起，須費過一番審視和猜度，才知道所畫的是房子或是崖石。這一派人是最反對雜聯想於美感的。

這兩派的學說都持之有故，言之成理，我們究竟何去何從呢？我們否認藝術的內容和形式可以分開來講（這個道理以後還要談到），不過關於美感與聯想這個問題，我們贊成形式派的主張。

就廣義說，聯想是知覺和想像的基礎，藝術不能離開知覺和想像，就不能離開聯想。但是我們通常所謂聯想，是指由甲而乙，由乙而丙，輾轉不止的亂想。就這個普通的意義說，聯想是妨礙美感的。美感起於直覺，不帶思考，聯想卻不免帶有思考。在美感經驗中我們聚精會神於一個孤立絕緣的意象上面，聯想則最易使精神渙散，注意力不專一，使心思由美感的意象旁遷到許多無關美感的事物上面去。在審美時我看到芳草就一心一意地領略芳草的情趣；在聯想時我看到芳草就想到羅裙，又想到穿羅裙的美人，既想到穿羅裙的美人，心思就已不復在芳草了。

聯想大半是偶然的。比如說，一幅畫的內容是「西湖秋月」，如果觀者不聚精會神於畫的本身而信任聯想，則甲可以聯想到雷峰塔，乙可以聯想到往日同遊西湖的美人，這些聯想縱然有時能提高觀者對於這幅畫的好感，畫本身的美卻未必因此而增加，而畫所引起的美感則反因精神渙散而減少。

知道這番道理，我們就可以知道許多通常被認爲美感的經驗其實並非美感了。假如你是武昌人，你也許特別歡喜崔顥的〈黃鶴樓〉詩；假如你是陶淵明的後裔，你也許特別歡喜《陶淵明集》；假如你是道德家，你也許特別歡喜《打鼓罵曹》的戲或是韓退之的〈原道〉；假如你是古董販，你也許特別歡喜河南新出土的龜甲文或是敦煌石窟裡面的壁畫；假如你知道達．芬奇的聲名大，你也許特別歡喜他的〈蒙娜麗莎〉。這都是自然的傾向，但是這都不是美感，都是持實際人的態度，在藝術本身以外求它的價值。

第六章　靈魂在傑作中的冒險

——考證、批評與欣賞

把快感認為美感，把聯想認為美感，是一般人的誤解，此外還有一種誤解是學者們所特有的，就是把考證和批評認為欣賞。

在這裡我不妨稍說說自己的經驗。我自幼就很愛好文學。在我所謂「愛好文學」，就是歡喜哼哼有趣味的詩詞和文章。後來到外國大學讀書，就順本來的偏好，決定研究文學。在我當初所謂「研究文學」，原來不過是多哼哼有趣味的詩詞和文章。我以為那些外國大學的名教授可以告訴我哪些作品有趣味，並且向我解釋它們何以有趣味的道理。我當時隱隱約約地覺得這門學問叫做「文學批評」，所以在大學裡就偏重「文學批評」方面的功課。哪知道我費過五六年的功夫，所領教的幾乎完全不是我原來所想望的。

比如拿莎士比亞這門功課來說，教授在講堂上講些什麼呢？現在英國的學者最重「版本的批評」。他們整年地講莎士比亞的某部劇本在某一年印第一次「四折本」，某一年印第一次「對折本」，「四折本」和「對折本」有幾次翻印，某一個字在第一次「四折本」怎樣寫，後來在「對折本」裡又改成什麼樣，某一段在某版本裡爲闕文，某一個字是後來某個編輯者校改的。在我只略舉幾點已經就夠使你看得不耐煩了，試想他們費畢生的精力做這種勾當！

自然他們不僅講這一樣，他們也很重視「來源」的研究。研究「來源」的問些什麼問題呢？莎士比亞大概讀過些什麼書？他是否懂得希臘文？他的《哈姆雷特》一部戲是根據哪些書？這些書他讀時是用原文還是用譯本？他的劇中情節和史實有哪幾點不符？爲了要解決這些問題，學者們個個在埋頭於灰封蟲咬的向來沒有人過問的舊書堆中，尋求他們的所謂「證據」。

此外他們也很重視「作者的生平」。莎士比亞生前操什麼職業？幾歲到倫敦當戲子？他少年偷鹿的謠傳是否確實？他的十四行詩裡所說的「黑姑娘」究竟是誰？《哈姆雷特》是否是莎士比亞現身說法？當時倫敦有幾家戲院？他和這些戲院和同行戲子的關係如何？他死時的遺囑能否見出他和他的妻子的情感？爲了這些問題，學者跑到法庭裡翻幾百年前的文案，跑到官書局裡查幾百年前的書籍登記簿，甚至於跑到幾座古老的學校去看看牆壁上和板凳上有沒有或許是莎士比亞劃的簡筆姓名。他們如果尋到片紙隻字，就以爲是至寶。

這三種功夫合在一塊講，就是中國人所說的「考據學」。我的講莎士比亞的教師除了這種考據學以外，自己不做其他的功夫，對於我們學生們也只講他所研究的那一套，至於劇本本身，他只讓我們憑我們自己的能力去讀，能欣賞也好，不能欣賞也好，他是不過問的，像他這一類的學者在中國向來就很多，近來似乎更時髦。許多人是把「研究文學」和「整理國故」當作一回事。從美學觀點來說，我們對於這種考據的工作應該發生何種感想呢？

考據所得的是歷史的知識。歷史的知識可以幫助欣賞卻不是欣賞本身。欣賞之前要有了解。了解是欣賞的預備，欣賞是了解的成熟。只就欣賞說，版本、來源以及作者的生平都是題外事，因爲美感經驗全在欣賞形象本身，注意到這些問題，就是離開形象本身。但是就了解說，這些歷史的知識卻非常重要。例如：要了解曹子建的〈洛神賦〉，就不能不知道他和甄后的關係；要欣賞陶淵明的〈飲酒〉詩，就不能不先考定原本中到底是「悠然望南山」還是「悠然見南山」。

了解和欣賞是互相補充的。未了解絕不足以言欣賞，所以考據學是基本的功夫。但是只了解而不能欣賞，則只是做到史學的功夫，卻沒有走進文藝的領域。一般富於考據癖的學者通常都不免犯兩種錯誤。第一種錯誤就是穿鑿附會。他們以為作者一字一畫都有來歷，於是拉史實來附會它。他們不知道藝術是創造的，雖然可以受史實的影響，卻不必完全受史實的支配。《紅樓夢》一部書有多少「考證」和「索隱」？它的主人究竟是納蘭成德，是清朝某個皇帝，還是曹雪芹自己？「紅學」家大半都忘記藝術生於創造的想像，不必實有其事。考據家的第二種錯誤在因考據而忘欣賞。他們既然把作品的史實考證出來之後，便以為能事已盡。而不進一步去玩味玩味。他們好比食品化學專家，把一席菜的來源、成分以及烹調方法研究得有條有理之後，便袖手旁觀，不肯染指。就我個人說呢，我是一個饕餮漢，對於這般考據家的苦心孤詣雖是十二分的敬佩和感激，我自己卻不肯學他們那樣「斯文」，我以為最要緊的事還是伸箸把菜取到口裡來咀嚼，領略領略它的滋味。

在考據學者們自己看，考據就是一種批評。但是一般人所謂批評，意義實不僅如此。所以我當初想望研究文學批評，而教師卻只對我講版本來源種種問題，我很驚訝，很失望。普通意義的批評究竟是什麼呢？這也並沒有定準，向來批評學者有派別的不同，所認識的批評的意義也不一致。我們把他們區分起來，可以得四大類。

第一類批評學者自居「導師」的地位。他們對於各種藝術先抱有一種理想而自己卻無能力把它實現於創作，於是拿這個理想來期望旁人。他們歡喜向創作家發號施令，說小說應該怎樣做，說詩要用音韻或是不要用音韻，說悲劇應該用偉大人物的材料，說文藝要含有道德的教訓，如此等類的教條不一而足。他們以為創作家只要遵守這些教條，就可以做出好作品來。坊間所流行的《詩學法程》、《小說作法》、《作文法》等等書籍的作者都屬於這一類。

第二類批評學者自居「法官」地位。「法官」要有「法」，所謂「法」便是「紀律」。這班人心中預存幾條紀律，然後以這些紀律來衡量一切作品，和它們相符合的就是美，違背它們的就是醜。這種「法官」式的批評家和上文所說的「導師」式的批評家常合在一起。他們最好的代表是歐洲假古典主義的批評家。「古典」是指古希臘和羅馬的名著，「古典主義」就是這些名著所表現的特殊風格，「假古典主義」就是要把這種特殊風格定為「紀律」讓創作家來模仿。處「導師」的地位，這派批評家向創作家發號施令說：「從古人的作品中我們抽繹出這幾條紀律，你要謹遵無違，才有成功的希望！」處「法官」的地位，他們向創作家下批語說：「亞理斯多德明明說過壞人不能做悲劇主角，你莎士比亞何以要用一個殺皇帝的馬克白？做詩用字忌俚俗，你在馬克白的獨白中用『刀』字，刀是屠戶和廚夫的用具，拿來殺皇帝，豈不太損尊嚴，不合紀律？」（「刀」字的批評出諸約翰遜，不是我的杜撰。）這種批評的價值是很小的。文藝是創造的，誰能拿死紀律來範圍活作品？誰讀《詩歌作法》如法炮製而做成好詩歌？

第三類批評學者自居「舌人」的地位。「舌人」的功用在把外鄉話翻譯為本地話，叫人能夠懂得。站在「舌人」的地位的批評家說：「我不敢發號施令，我也不敢判斷是非，我只把作者的性格、時代和環境以及作品的意義解剖出來，讓欣賞者看到易於明瞭。」這一類批評家又可細分為兩種。一種如法國的聖伯夫，以自然科學的方法去研究作者的心理，看他的作品與個性、時代和環境有什麼關係。一種為注疏家和上文所說的考據家，專以追溯來源、考訂字句和解釋意義為職務。這兩種批評家的功用在幫助了解，他們的價值我們在上文已經說過。

第四類就是近代在法國鬧得很久的印象主義的批評。屬於這類的學者所居的地位可以說是「饕餮者」的地位。「饕餮者」只貪美味，嘗到美味便把它的印象描寫出來。他們的領袖是佛朗士，他曾經說過：「依我看來，批評和哲學與歷史一樣，只是一種給深思好奇者看的小說；一切小說，精密地說起來，都是一種自傳。凡是眞批評家都只敘述他的靈魂在傑作中的冒險。」這是印象派批評家的信條。他們反對「法官」式的批評，因爲「法官」式的批評相信美醜有普遍的標準，印象派則主張各人應以自己的嗜好爲標準，我自己覺得一個作品好就說它好，否則它雖然是人人所公認爲傑作的荷馬史詩，我也只把它和許多我所不歡喜的無名小卒一樣看待。他們也反對「舌人」式的批評，因爲「舌人」式的批評是科學的、客觀的，印象派則以爲批評應該是藝術的、主觀的，它不應像餐館的使女只捧菜給人吃，應該親自嘗菜的味道。

一般討論讀書方法的書籍往往勸讀者持「批評的態度」。這所謂「批評」究竟取哪一個意義呢？它大半是指「判斷是非」。所謂持「批評的態度」去讀書，就是說不要「盡信書」，要自己去分判書中何者爲眞，何者爲僞，何者爲美，何者爲醜。這其實就是「法官」式的批評。這種「批評的態度」和「欣賞的態度」（就是美感的態度）是相反的。批評的態度是冷靜的，不雜情感的，其實就是我們在開頭時所說的「科學的態度」；欣賞的態度則注重我的情感和物的姿態的交流。批評的態度須用反省的理解，欣賞的態度則全憑直覺。批評的態度預存有一種美醜的標準，把我放在作品之外去評判它的美醜；欣賞的態度則忌雜有任何成見，把我放在作品裡面去分享它的生命。遇到文藝作品如果始終持批評的態度，則我是我而作品是作品，我不能沉醉在作品裡面，永遠得不到眞正的美感的經驗。

印象派的批評可以說就是「欣賞的批評」。就我個人說，我是傾向這一派的，不過我也明白它的缺點。印象派往往把快感誤認爲美感。在文藝方面，各人的趣味本來有高低。比如看一幅畫，「內行」有「內行」的印象，「外行」有「外行」的印象，這兩種印象的價值是否相同呢？我小時候歡喜讀《花月痕》和《呂東萊博議》一類的東西，現在回想起來不禁赧顏，究竟是我從前對還是現在對呢？文藝雖無普遍的紀律，而美醜的好惡卻有一個道理。遇見一個作品，我們只說：「我覺得它好」還不夠，我們還應說出我何以覺得它好的道理。說出道理就是一般人所謂批評的態度了。

總而言之，考據不是欣賞，批評也不是欣賞，但是欣賞卻不可無考據與批評。從前老先生們太看重考據和批評的功夫，現在一般青年又太不肯做腳踏實地的功夫，以爲有文藝的嗜好就可以談文藝，這都是很大的錯誤。

第七章　情人眼底出西施

——美與自然

我們關於美感的討論，到這裡可以告一段落了，現在最好把上文所說的話回顧一番，看我們已經占住了多少領土。美感是什麼呢？從積極方面說，我們已經明白美感起於形象的直覺，而這種形象是孤立自足的，和實際人生有一種距離；我們已經見出美感經驗中我和物的關係，知道我的情趣和物的姿態交感共鳴，才見出美的形象。從消極方面說，我們已經明白美感一不帶意志欲念，有異於實用態度，二不帶抽象思考，有異於科學態度；我們已經知道一般人把尋常快感、聯想以及考據與批評認爲美感的經驗是一種大誤解。

美生於美感經驗，我們既然明白美感經驗的性質，就可以進一步討論美的本身了。

什麼叫做美呢？

在一般人看，美是物所固有的。有些人物生來就美，有些人物生來就醜。比如稱讚一個美人，你說她像一朵鮮花，像一顆明星，像一隻輕燕，你絕不說她像一個布袋，像一條犀牛或是像一隻癩蝦蟆。這就分明承認鮮花、明星和輕燕一類事物原來是美的，布袋、犀牛和癩蝦蟆一類事物原來是醜的。說美人是美的，也猶如說她是高是矮是肥是瘦一樣，她的高矮肥瘦是她的星宿定的，是她從娘胎帶來的，她的美也是如此，和你看者無關。這種見解並不限於一般人，許多哲學家和科學家也是如此想。所以他們費許多心力去實驗最美的顏色是紅色還是藍色，最美的形體是曲線還是直線，最美的音調是G調還是F調。

但是這種普遍的見解顯然有很大的難點，如果美本來是物的屬性，則凡是長眼睛的人們應該都可以看到，應該都承認它美，好比一個人的高矮，有尺可量，是高大家就要都說高，是矮大家就要都說矮。但是美的估定就沒有一個公認的標準。假如你說一個人美，我說她不美，你用什麼方法可以說服我呢？有些人歡喜辛稼軒而討厭溫飛卿，有些人歡喜溫飛卿而討厭辛稼軒，這究竟誰是誰非呢？同是一個對象，有人說美，有人說醜，從此可知美本在物之說有些不妥了。

因此，有一派哲學家說美是心的產品。美如何是心的產品，他們的說法卻不一致。康德以爲美感判斷是主觀的而卻有普遍性，因爲人心的構造彼此相同。黑格爾以爲美是在個別事物上見出「概念」或理想。比如你覺得峨嵋山美，由於它表現「莊嚴」、「厚重」的概念。你覺得〈孔雀東南飛〉美，由於它表現「愛」與「孝」兩種理想的衝突。托爾斯泰以爲美的事物都含有宗教和道德的教訓。此外還有許多其他的說法。說法既不一致，就只有都是錯誤的可能而沒有都是不錯的可能，好比一個數學題生出許多不同的答數一樣。大約哲學家們都犯過信理智的毛病，藝術的欣賞大半是情感的而不是理智的。在覺得一件事物美時，我們純憑直覺，並不是在下判斷，如康德所說的，也不是在從個別事物中見出普遍原理，如黑格爾、托爾斯泰一般人所說的；因爲這些都是科學的或實用的活動，而美感並不是科學的或實用的活動。還不僅此。美雖不完全在物卻亦非與物無關。你看到峨嵋山才覺得莊嚴、厚重，看到一個小土墩卻不能覺得莊嚴、厚重。從此可知物須先有使人覺得美的可能性，人不能完全憑心靈創造出美來。

依我們看，美不完全在外物，也不完全在人心，它是心物婚媾後所產生的嬰兒。美感起於形象的直覺。形象屬物而卻不完全屬於物，因爲無我即無由見出形象；直覺屬我卻又不完全屬於我，因爲無物則直覺無從活動。美之中要有人情也要有物理，二者缺一都不能見出美。再拿欣賞古松的例子來說，松的蒼翠勁直是物理，松的清風亮節是人情。從「我」的方面說，古松的形象並非天生自在的，同是一棵古松，千萬人所見到的形象就有千萬不同，所以每個形象都是每個人憑著人情創造出來的，每個人所見到的古松的形象就是每個人所創造的藝術品，它有藝術品通常所具的個性，它能表現各個人的性分和情趣。從「物」的方面說，創造都要有創造者和所創造物，所創造物並非從無中生有，也要有若干材料，這材料也要有創造成美的可能性。松所生的意象和柳所生的意象不同，和癩蝦蟆所生的意象更不同。所以松的形象這一個藝術品的成功，一半是我的貢獻，一半是松的貢獻。

這裡我們要進一步研究我與物如何相關了。何以有些事物使我覺得美，有些事物使我覺得醜呢？我們最好用一個淺例來說明這個道理。比如我們看下列六條垂直線，往往把它們看成三個柱子，覺得這三個柱子所圍的空間（即A與B、C與D和E與F所圍的空間）離我們較近，而B與C以及D與E所圍的空間則看成背景，離我們較遠。還不僅此。我們把這六條垂直線擺在一塊看，它們彷彿自成一個諧和的整體；至於G與H兩條沒有規律的線

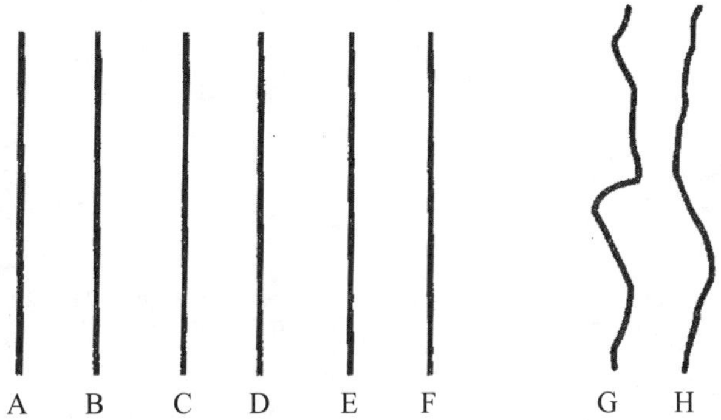

(1) A與B、C與D、E與F距離都相等。

(2) B與C、D與E距離相等，略大於A與B的距離。

(3) F與G的距離較B與C的距離大。

(4) A、B、C、D、E、F為六條平行垂直線，G與H為兩條沒有規律的線。

則彷彿是這整體以外的東西，如果勉強把它搭上前面的六條線一塊看，就覺得它不和諧。

從這個有趣的事實，我們可以看出兩個很重要的道理：

一、最簡單的形象的直覺都帶有創造性。把六條垂直線看成三個柱子，就是直覺到一種形象。它們本來同是垂直線，我們把A和B選在一塊看，卻不把B和C選在一塊看；同是直線所圍的空間，本來沒有遠近的分別，我們卻把A、B中空間看得近，把B、C中空間看得遠。從此可知在外物者原來是散漫、混亂，經過知覺的綜合作用，才現出形象來。形象是心靈從混亂的自然中所創造成的整體。

二、心靈把混亂的事物綜合成整體的傾向卻有一個限制，事物也要本來就有可綜合爲整體的可能性。A至F六條線可以看成一個整體，G與H兩條線何以不能納人這個整體裡面去呢？這裡我們很可以見出在覺美覺醜時心和物的關係。我們從左看到右時，看出CD和AB相似，DE又和BC相似。這兩種相似的感覺便在心中形成一個有規律的節奏，使我們預料此後都可由此例推，右邊所有的線都順著左邊諸線的節奏。視線移到EF兩線時，所預料的果然出現，EF果然與CD也相似。預料而中，自然發生一種快感。但是我們再向右看，看到G與H兩線時，就猛覺與前不同，不但G和F的距離猛然變大，原來是像柱子的平行垂直線，現在卻是兩條毫無規律的線。這是預料不中，所以引起不快感。因此G與H兩線不但在物理方面和其他六條線不同，在情感上也和它們不能諧和，所以被就擯於整體之外。

這裡所謂「預料」自然不是有意的，好比深夜下樓一樣，步步都踏著一步梯，就無意中預料以下都是如此，倘若猛然遇到較大的距離，或是踏到平地，才覺得這是出於意料。許多藝術都應用規律和節奏，而規律和節奏所生的心理影響都以這種無意的預料爲基礎。

懂得這兩層道理，我們就可以進一步來研究美與自然的關係了。一般人常歡喜說「自然美」，好像以爲自然中已有美，縱使沒有人去領略它，美也還是在那裡。這種見解就是我們在上文已經駁過的美本在物的說法。其實「自然美」三個字，從美學觀點看，是自相矛盾的，是「美」就不「自然」，只是「自然」就還沒有成爲「美」。說「自然美」就好比說上文六條垂直線已有三個柱子的形象一樣。如果你覺得自然美，自然就已經過藝術化，成爲你的作品，不復是生糙的自然了。比如你欣賞一棵古松，一座高山，或是一灣清水，你所見到的形象已經不是松、山、水的本色，而是經過人情化的。各人的情趣不同，所以各人所得於松、山、水的也不一致。

流行語中有一句話說得極好：「情人眼底出西施。」美的欣賞極似「柏拉圖式的戀愛」。你在初嘗戀愛的滋味時，本來也是尋常血肉做的女子卻變成你的仙子。你所理想的女子的美點她都應有盡有。在這個時候，你眼中的她也不復是她自己原身而是經你理想化過的變形。你在理想中先醞釀成一個盡美盡善的女子，然後把她外射到你的愛人身上去，所以你的愛人其實不過是寄託精靈的軀骸。你只見到精靈，所以覺得無瑕可指；旁人冷眼旁觀，只見到軀骸，所以往往詫異道：「他愛上她，眞是有些奇怪。」一言以蔽之，戀愛中的對象是已經藝術化過的自然。

美的欣賞也是如此，也是把自然加以藝術化。所謂藝術化，就是人情化和理想化。不過美的欣賞和尋常戀愛有一個重要的異點。尋常戀愛都帶有很強烈的占有欲，你既戀愛一個女子，就有意無意地存有「欲得之而甘心」的態度。美感的態度則絲毫不帶占有欲。一朵花無論是生在鄰家的園子裡或是插在你自己的瓶子裡，你只要能欣賞，它都是一樣美。老子所說的「爲而不有，功成而不居」，可以說是美感態度的定義。古董商和書畫金石收藏家大半都抱有「奇貨可居」的態度，很少有能眞正欣賞藝術的。我在上文說過，美的欣賞極似「柏拉圖式的戀愛」，所謂「柏拉圖式的戀愛」對於所愛者也只是無所爲而爲的欣賞，不帶占有欲。這種戀愛是否可能，頗有人置疑，但是歷史上有多少著例，凡是到極濃度的初戀者也往往可以達到胸無纖塵的境界。

第八章　依樣畫葫蘆

——寫實主義和理想主義的錯誤

從美學觀點看，「自然美」雖是一個自相矛盾的名詞，但是通常說「自然美」時所用的「美」字卻另有一種意義，和說「藝術美」時所用的「美」字不應該混為一事，這個分別非常重要，我們須把它剖析清楚。

自然本來混整無別，許多分別都是從人的觀點看出來的。離開人的觀點而言，自然本無所謂眞僞，眞僞是科學家所分別出來以便利思想的；自然本無所謂善惡，善惡是倫理學家所分別出來以規範人類生活的。同理，離開人的觀點而言，自然也本無所謂美醜，美醜是觀賞者憑自己的性分和情趣見出來的。自然界唯一無二的固有的分別，只是常態與變態的分別。通常所謂「自然美」就是指事物的常態，所謂「自然醜」就是指事物的變態。

舉個例來說，比如我們說某人的鼻子生得美，它大概應該像什麼樣子呢？太大的、太小的、太高的、太低的、太肥的、太瘦的鼻子都不能算得美。美的鼻子一定大小肥瘦高低件件都合式。我們說它不太高，說它件件都合式，這就是承認鼻子的大小高低等等原來有一個標準。這個標準是如何定出來的呢？你如果仔細研究，就可以發現它是取決多數，像選舉投票一樣。如果一百人之中有過半數的鼻子是一寸高，一寸就成了鼻高的標準。不及一寸高的鼻子就使人嫌它太低，超過一寸高的鼻子就使人嫌它太高。鼻子通常都是從上面逐漸高到下面來，所以稱讚生得美的鼻子，我們往往說它「如懸膽」。如果鼻子上下都是一樣粗細，像臘腸一樣，或是鼻孔朝天露出，那就太稀奇古怪了，稀奇古怪便是變態。通常人說一件事醜，其實不過是因為它稀奇古怪。

照這樣說，世間美鼻子應該多於醜鼻子，何以實際上不然呢？自然美的難，難在件件都合式。高低合式的大小或不合式，大小合式的肥瘦或不合式。所謂「式」就是標準，就是常態，就是最普遍的性質。自然美為許多最普遍的性質之總和。就每個獨立的性質說，它是最普遍的；但是就總和說，它卻不可多得，所以成為理想，為人稱美。

一切自然事物的美醜都可以作如是觀。宋玉形容一個美人說：

天下之佳人莫若楚國，楚國之麗者莫若臣里，臣里之美者莫若臣東家之子。東家之子增之一分則太長，減之一分則太短，著粉則太白，施朱則太赤。

照這樣說，美人的美就在安不上「太」字，一安上「太」字就不免有些醜了。「太」就是超過常態，就是稀奇古怪。

人物都以常態爲美。健全是人體的常態，耳聾、口吃、面麻、頸腫、背駝、足跛，都不是常態，所以都使人覺得醜。一般生物的常態是生氣蓬勃，活潑靈巧。所以就自然美而論，豬不如狗，龜不如蛇，樗不如柳，老年人不如少年人。非生物也是如此。山的常態是巍峨，所以巍峨最易顯出山的美；水的常態是浩蕩明媚，所以浩蕩明媚最易顯出水的美。同理，花宜清香，月宜皎潔，春風宜溫和，秋雨宜淒厲。

通常所謂「自然美」和「自然醜」，分析起來，意義不過如此。藝術上所謂美醜，意義是否相同呢？

一般人大半以爲自然美和藝術美的對象和成因雖不同，而其爲美則一。自然醜和藝術醜也是如此。這個普遍的誤解釀成藝術史上兩種表面相反而實在都是錯誤的主張，一是寫實主義，一是理想主義。

寫實主義是自然主義的後裔。自然主義起於法人盧梭。他以為上帝經手創造的東西，本來都是盡美盡善，人伸手進去攪擾，於是它們才被弄糟。人工造作，無論如何精巧，終比不上自然。自然既本來就美，藝術家最聰明的辦法就是模仿它。在英人羅斯金看，藝術原來就是從模仿自然起來的。人類本來住在露天的樹林中，後來他們建築房屋，仍然是以樹林和天空為模型。建築如此，其他藝術亦然。人工不敵自然，所以用人工去模仿自然時，最忌諱憑己意選擇去取。羅斯金說：

純粹主義者揀選精粉，感官主義者雜取秕糠，至於自然主義則相容並包，是粉就拿來製餅，是草就取來塞床。

這段話後來變成寫實派的信條。寫實主義最盛於十九世紀後半葉的法國，尤其是在小說方面。左拉是大家公認的代表。所謂寫實主義就是完全照實在描寫，愈像愈妙。比如描寫一個酒店就要活像一個酒店，描寫一個妓女就要活像一個妓女。既然是要像，就不能不詳盡精確，所以寫實派作者歡喜到實地搜集「憑據」，把它們很仔細地寫在筆記簿上，然後把它們整理一番，就成了作品。他們寫一間房屋時至少也要用三五頁的篇幅，才肯放鬆它。

這種藝術觀的難點甚多，最顯著的有兩端。第一，藝術的最高目的既然只在模仿自然，自然本身既已美了，又何必有藝術呢？如果妙肖自然，是藝術家的唯一能事，則尋常照相家的本領都比吳道子、唐六如高明了。第二，美醜是相對的名詞，有醜然後才顯得出美。如果你以爲自然全體都是美，你看自然時便沒有美醜的標準，便否認有美醜的比較，連「自然美」這個名詞也沒有意義了。

理想主義有見於此。依它說，自然中有美有醜，藝術只模仿自然的美，醜的東西應丟開。美的東西之中又有些性質是重要的，有些性質是瑣屑的，藝術家只選擇重要的，瑣屑的應丟開。這種理想主義和古典主義通常攜手並行。古典主義最重「類型」，所謂「類型」就是全類事物的模子。一件事物可以代表一切其他同類事物時就可以說是類型。比如說畫馬，你不應該畫得只像這匹馬或是只像那匹馬，你該畫得像一切馬，使每個人見到你的畫都覺得他所知道的馬恰是像那種模樣。要畫得像一切馬，就須把馬的特徵、馬的普遍性畫出來，至於這匹馬或那匹馬所特有的個性則「瑣屑」不足道。假如你選擇某一匹馬來做模型，它一定也要富於代表性。這就是古典派的類型主義。從此可知類型就是我們在上文所說的事物的常態，就是一般人的「自然美」。

這種理想主義似乎很能邀信任常識者的同情，但是它和近代藝術思潮頗多衝突。藝術不像哲學，它的生命全在具體的形象，最忌諱的是抽象化。凡是一個模樣能套上一切人物時就不能適合於任何人，好比衣帽一樣。古典派的類型有如幾何學中的公理，雖然應用範圍很廣泛，卻不能引起觀者的切身的情趣。許多人所公有的性質，在古典派看，雖是精深，而在近代人看，卻極平凡粗淺。近代藝術所搜求的不是類型而是個性，不是彰明較著的色彩而是毫釐之差的陰影。直鼻子、橫眼睛是古典派所謂類型。如果畫家只能夠把鼻子畫直，眼睛畫橫，結果就難免千篇一律，毫無趣味。他應該能夠把這個直鼻子所以異於其他直鼻子的，這個橫眼睛所以異於其他橫眼睛的地方表現出來，才算是有獨到的功夫。

在表面上看，理想主義和寫實主義似乎相反，其實它們的基本主張是相同的，它們都承認自然中本來就有所謂美，它們都以爲藝術的任務在模仿，藝術美就是從自然美模仿得來的。它們的藝術主張都可以稱爲「依樣畫葫蘆」的主張。它們所不同者，寫實派以爲美在自然全體，只要是葫蘆，都可以拿來作畫的模型；理想派則以為美在類型，畫家應該選擇一個最富於代表性的葫蘆。嚴格地說，理想主義只是一種精煉的寫實主義，以理想派攻擊寫實派，不過是以五十步笑百步罷了。

藝術對於自然，是否應該持「依樣畫葫蘆」的態度呢？藝術美是否從模仿自然美得來的呢？要回答這個問題，我們應該注意到兩件事實：

一、自然美可以化為藝術醜。長在藤子上的葫蘆本來很好看，如果你的手藝不高明，畫在紙上的葫蘆就不很雅觀。許多香菸牌和月分牌上面的美人畫就是如此，以人而論，面孔倒還端正，眉目倒還清秀；以畫而論，則往往惡劣不堪。毛延壽有心要害王昭君，才把她畫醜。世間有多少王昭君都被有善意而無藝術手腕的毛延壽糟蹋了。

二、自然醜也可以化為藝術美。本來是一個很醜的葫蘆，經過大畫家點鐵成金的手腕，往往可以成為傑作。大醉大飽之後睡在床上放屁的鄉下老太婆未必有什麼風韻，但是我們誰不高興看醉臥怡紅院的劉姥姥？從前藝術家大半都怕用醜材料，近來藝術家才知道融自然醜於藝術美，可以使美者更見其美。荷蘭畫家倫勃朗歡喜畫老朽人物，法國文學家波德萊爾歡喜拿死屍一類的事物做詩題，雕刻家羅丹和愛樸斯丹也常用在自然中為醜的人物，都是最顯著的例子。

這兩件事實所證明的是什麼呢？

一、藝術的美醜和自然的美醜是兩件事。

二、藝術的美不是從模仿自然美得來的。

從這兩點看，寫實主義和理想主義都是一樣錯誤，它們的主張恰與這兩層道理相反。要明白藝術的眞性質，先要推翻它們的「依樣畫葫蘆」的辦法，無論這個葫蘆是經過選擇，或是沒有經過選擇。

我們說「藝術美」時，「美」字只有一個意義，就是事物現形象於直覺的一個特點。事物如果要能現形象於直覺，它的外形和實質必須融化成一氣，它的姿態必可以和人的情趣交感共鳴。這種「美」都是創造出來的，不是天生自在俯拾即是的，它都是「抒情的表現」。我們說「自然美」時，「美」字有兩種意義。第一種意義的「美」就是上文所說的常態，例如：背通常是直的，直背美於駝背。第二種意義的「美」其實就是藝術美。我們在欣賞一片山水而覺其美時，就已經把自己的情趣外射到山水裡去，就已把自然加以人情化和藝術化了。所以有人說：「一片自然風景就是一種心境。」一般人的錯誤在只知道第一種意義的自然美，以爲藝術美和第二種意義的自然美原來也不過如此。

法國畫家德拉庫瓦說得好：「自然只是一部字典而不是一部書。」人人儘管都有一部字典在手邊，可是用這部字典中的字來做出詩文，則全憑各人的情趣和才學。做得好詩文的人都不能說是模仿字典。說自然本來就美（「美」字用「藝術美」的意義）者也猶如說字典中原來就有《陶淵明集》和《紅樓夢》一類作品在內。這顯然是很荒謬的。

第九章　大人者不失其赤子之心

——藝術與遊戲

一直到現在，我們所討論的都偏重欣賞。現在我們可以換一個方向來討論創造了。

既然明白了欣賞的道理，進一步來研究創造，便沒有什麼困難，因爲欣賞和創造的距離並不像一般人所想像的那麼遠。欣賞之中都寓有創造，創造之中也都寓有欣賞。創造和欣賞都是要見出一種意境，造出一種形象，都要根據想像與情感。比如說姜白石的「數峰清苦，商略黃昏雨」一句詞含有一個受情感飽和的意境。姜白石在做這句詞時，先須從自然中見出這種意境，然後拿這九個字把它翻譯出來。在見到意境的一剎那中，他是在創造也是在欣賞。我在讀這句詞時，這九個字對於我只是一種符號，我要能認識這種符號，要憑想像與情感從這種符號中領略出姜白石原來所見到的意境，須把他的譯文翻回到原文。我在見到他的意境一剎那中，我是在欣賞也是在創造，倘若我絲毫無所創造，他所用的九個字對於我就漫無意義了。一首詩做成之後，不是就變成個個讀者的產業，使他可以坐享其成。它也好比一片自然風景，觀賞者要拿自己的想像和情趣來交接它，才能有所得。他所得的深淺和他自己的想像與情趣成比例。讀詩就是再做詩，一首詩的生命不是作者一個人所能維持住，也要讀者幫忙才行。讀者的想像和情感是生生不息的，一首詩的生命也就是生生不息的，它並非是一成不變的。一切藝術作品都是如此，沒有創造就不能有欣賞。

創造之中都寓有欣賞，但是創造卻不全是欣賞。欣賞只要能見出一種意境，而創造卻須再進一步，把這種意境外射出來，成爲具體的作品。這種外射也不是易事，它要有相當的天才和人力，我們到以後還要詳論它，現在只就藝術的雛形來研究欣賞和創造的關係。

藝術的雛形就是遊戲。遊戲之中就含有創造和欣賞的心理活動。人們不都是藝術家，但每一個人都做過兒童，對於遊戲都有幾分經驗。所以要了解藝術的創造和欣賞，最好是先研究遊戲。

騎馬的遊戲是很普遍的，我們就把它做例來說。兒童在玩騎馬的把戲時，他的心理活動可以用這麼一段話說出來：「父親天天騎馬在街上走，看他是多麼好玩！多麼有趣！我們也騎來試試看。他的那匹大馬自然不讓我們騎。小弟弟，你彎下腰來，讓我騎！特！特！走快些！你沒有氣力了嗎？我去換一匹馬罷。」於是廚房裡的竹帚夾在胯下又變成一匹馬了。

從這個普遍的遊戲中間，我們可以看出幾個遊戲和藝術的類似點。

一、像藝術一樣，遊戲把所欣賞的意象加以客觀化，使它成為一個具體的情境。小孩子心裡先印上一個騎馬的意象，這個意象變成他的情趣的集中點（這就是欣賞）。情趣集中時意象大半孤立，所以本著單獨觀念實現於運動的普遍傾向，從心裡外射出來，變成一個具體的情境（這就是創造），於是有騎馬的遊戲。騎馬的意象原來是心鏡從外物界所攝來的影子。在騎馬時兒童仍然把這個影子交還給外物界。不過這個影子在攝來時已順著情感的需要而有所選擇去取，在腦裡打一個翻轉之後，又經過一番意匠經營，所以不復是生糙的自然。一個人可以當馬騎，一個竹帚也可以當馬騎。換句話說，兒童的遊戲不完全是模仿自然，它也帶有幾分創造性。他不僅作騎馬的遊戲，有時還揀一支粉筆或土塊在地上畫一個騎馬的人。他在一個圓圈裡畫兩點一直一橫就成了一個面孔，在下面再安上兩條線就成了兩隻腿。他原來看人物時只注意到這些最刺眼的運動的部分，他是一個印象派的作者。

二、像藝術一樣，遊戲是一種「想當然耳」的勾當。兒童在拿竹帚當馬騎時，心裡完全為騎馬這個有趣的意象占住，絲毫不注意到他所騎的是竹帚而不是馬。他聚精會神到極點，雖是在遊戲而卻不自覺是在遊戲。本來是幻想的世界，卻被他看成實在的世界了。他在幻想世界中仍然持著鄭重其事的態度。全局儘管荒唐，而各部分卻仍須合理。有兩位小姊妹正在玩做買賣的把戲，她們的母親從外面走進來向扮店主的姊姊親了個嘴，扮顧客的妹妹便抗議說：「媽媽，你為什麼同開店的人親嘴？」從這個實例看，我們可以知道兒戲很類似寫劇本或是寫小說，在不近情理之中仍須不背乎情理，要有批評家所說的「詩的眞實」。成人們往往嗤不鄭重的事為兒戲，其實成人自己很少像兒童在遊戲時那麼鄭重，那麼專心，那麼認眞。

三、像藝術一樣，遊戲帶有移情作用，把死板的宇宙看成活躍的生靈。我們成人把人和物的界線分得很清楚，把想像的和實在的分得很清楚。在兒童心中這種分別是很模糊的。他把物視同自己一樣，以為它們也有生命，也能痛能癢。他拿竹帚當馬騎時，你如果在竹帚上扯去一條竹枝，那就是在他的馬身上扯去一根毛，在罵你一場之後，他還要向竹帚說幾句溫言好語。他看見星說是天眨眼，看見露說是花垂淚。這就是我們在前面說過的

「宇宙的人情化」。人情化可以說是兒童所特有的體物的方法。人愈老就愈不能起移情作用，我和物的距離就日見其大，實在的和想像的隔閡就日見其深，於是這個世界也就愈沒有趣味了。

四、像藝術一樣，遊戲是在現實世界之外另造一個理想世界來安慰情感。騎竹馬的小孩子一方面覺得騎馬的有趣，一方面又苦於騎馬的不可能，騎馬的遊戲是他彌補現實缺陷的一種方法。近代有許多學者說遊戲起於精力的過剩，有力沒處用，才去玩把戲。這話雖然未可盡信，卻含有若干眞理。人生來就好動，生而不能動，便是苦惱。疾病、老朽、幽囚都是人所最厭惡的，就是它們奪去動的可能。動愈自由即愈使人快意，所以人常厭惡有限而追求無限。現實界是有限制的，不能容人盡量自由活動。人不安於此，於是有種種苦悶厭倦。要消遣這種苦悶厭倦，人於是自架空中樓閣。苦悶起於人生對於「有限」的不滿，幻想就是人生對於「無限」的尋求，遊戲和文藝就是幻想的結果。它們的功用都在幫助人擺脫實在的世界的韁鎖，跳出到可能的世界中去避風息涼。人愈到閒散時愈覺單調生活不可耐，愈想在呆板平凡的世界中尋出一點出乎常軌的偶然的波浪，來排憂解悶。所以遊戲和藝術的需要在閒散時愈緊迫。就這個意義說，它們確實是一種「消遣」。

兒童在遊戲時意造空中樓閣，大概都現出這幾個特點。他們的想像力還沒有受經驗和理智束縛死，還能去來無礙。只要有一點實事實物觸動他們的思路，他們立刻就生出一種意境，在一彈指間就把這種意境渲染成五光十彩。念頭一動，隨便什麼事物都變成他們的玩具，你給他們一個世界，他們立刻就可以造出許多變化離奇的世界來交還你。他們就是藝術家。一般藝術家都是所謂「大人者不失其赤子之心」。

藝術家雖然「不失其赤子之心」，但是他究竟是「大人」，有赤子所沒有的老練和嚴肅。遊戲究竟只是雛形的藝術而不就是藝術。它和藝術有三個重要的異點。

一、藝術都帶有社會性，而遊戲卻不帶社會性。兒童在遊戲時只圖自己高興，並沒有意思要拿遊戲來博得旁觀者的同情和讚賞。在表面看，這似乎是偏於唯我主義，但是這實在由於自我觀念不發達。他們根本就沒有把物和我分得很清楚，所以說不到求人同情於我的意思。藝術的創造則必有欣賞者。藝術家見到一種意境或是感到一種情趣，自得其樂還不甘心，他還要旁人也能見到這種意境，感到這種情趣。他固然不迎合社會心理去沽名釣譽，但是他是一個熱情者，總不免希望世有知音同情。因此藝術不像克羅齊派美學家所說的，只達到「表現」就可以了事，它還要能「傳達」。在原始時期，藝術的作者就是全民眾，後來藝術家雖自成一階級，他們的作品仍然是全民眾的公有物。藝術好比一棵花，社會好比土壤，土壤比較肥沃，花也自然比較茂盛。藝術的風尚一半是作者造成的，一半也是社會造成的。

二、遊戲沒有社會性，只顧把所欣賞的意象「表現」出來；藝術有社會性，還要進一步把這種意象傳達於天下後世，所以遊戲不必有作品而藝術則必有作品。遊戲只是逢場作戲，比如兒童堆砂為屋，還未堆成，即已推倒，既已盡興，便無留戀。藝術家對於得意的作品常加意珍護，像慈母待嬰兒一般。音樂家貝多芬常言生存是一大痛苦，如果他不是心中有未盡之蘊要譜於樂曲，他久已自殺。司馬遷也是因為要做《史記》，所以隱忍受腐刑的羞辱。從這些實例看，可知藝術家對於藝術比一切都看重。他們自己知道珍貴美的形象，也希望旁人能同樣地珍貴它。他自己見到一種精靈，並且想使這種精靈在人間永存不朽。

三、藝術家既然要藉作品「傳達」他的情思給旁人，使旁人也能同賞共樂，便不能不研究「傳達」所必需的技巧。他第一要研究他所藉以傳達的媒介，第二要研究應用這種媒介如何可以造成美形式出來。比如說做詩文，語言就是媒介。這種媒介要恰能傳出情思，不可任意亂用。相傳歐陽修〈晝錦堂記〉首兩句本是「仕宦至將相，富貴歸故鄉」，送稿的使者已走過幾百里路了，他還要打發人騎快馬去添兩個「而」字。文人用字不苟且，通常如此。兒童在遊戲時對於所用的媒介絕不這樣謹慎選擇。他戲騎馬時遇著竹帚就用竹帚，遇著板凳就用板凳，反正這不過是一種代替意象的符號，只要他自己以爲那是馬就行了，至於旁人看見時是否也恰能想到馬的意象，他卻絲毫不介意。倘若畫家意在馬而畫一個竹帚出來，誰人能了解他的原意呢？藝術的內容和形式都要恰能融合一氣，這種融合就是美。

總而言之，藝術雖伏根於遊戲本能，但是因爲同時帶有社會性，須留有作品傳達情思於觀者，不能不顧到媒介的選擇和技巧的鍛鍊。它逐漸發達到現在，已經在遊戲前面走得很遠，令遊戲望塵莫及了。

第十章　空中樓閣
——創造的想像

藝術和遊戲都是意造空中樓閣來慰情遣興。現在我們來研究這種樓閣是如何建築起來的，這就是說，看看詩人在做詩或是畫家在作畫時的心理活動到底像什麼樣。

爲說話易於明瞭起見，我們最好拿一個藝術作品做實例來講。本來各種藝術都可以供給這種實例，但是能拿眞跡擺在我們面前的只有短詩。所以我們姑且選一首短詩，不過心裡要記得其他藝術作品的道理也是一樣。比如王漁洋所推許爲唐人七絕「壓卷」作的王昌齡的〈長信怨〉：

奉帚平明金殿開，暫將團扇共徘徊。
玉顏不及寒鴉色，猶帶昭陽日影來。

大家都知道，這首詩的主人是班婕妤。她從失寵於漢成帝之後，謫居長信宮奉侍太后。昭陽殿是漢成帝和趙飛燕住的地方。這首詩是一個具體的藝術作品。王昌齡不曾留下記載來，告訴我們他作時心理歷程如何，他也許並沒有留意到這種問題。但是我們用心理學的說明來從文字上分析，也可以想見大概。他作這首詩時有哪些心理的活動呢？

一、他必定使用想像。

什麼叫做想像呢？它就是在心裡喚起意象。比如看到寒鴉，心中就印下一個寒鴉的影子，知道它像什麼樣，這種心鏡從外物攝來的影子就是「意象」。意象在腦中留有痕跡，我眼睛看不見寒鴉時仍然可以想到寒鴉像什麼樣，甚至於你從來沒有見過寒鴉，別人描寫給你聽，說牠像什麼樣，你也可以湊合已有意象推知大概。這種回想或湊合以往意象的心理活動叫做「想像」。

想像有再現的，有創造的。一般的想像大半是再現的。原來從知覺得來的意象如此，回想起來的意象仍然是如此，比如我昨天看見一隻鴉，今天回想它的形狀，絲毫不用自己的意思去改變它，就是只用再現的想像。藝術作品不能不用再現的想像。比如這首詩裡「奉帚」、「金殿」、「玉顏」、

「寒鴉」、「日影」、「團扇」、「徘徊」等等，在獨立時都只是再現的想像。「團扇」一個意象尤其如此。班婕妤自己在〈怨歌行〉裡已經用過秋天丟開的扇子自比，王昌齡不過是借用這個典故。詩做出來總須旁人能懂得，「懂得」就是能夠喚起以往的經驗來印證。用以往的經驗來印證新經驗大半憑藉再現的想像。

但是只有再現的想像絕不能創造藝術。藝術既是創造的，就要用創造的想像。創造的想像也並非從無中生有，它仍用已有意象，不過把它們加以新配合。王昌齡的〈長信怨〉精彩全在後兩句，這後兩句就是用創造的想像做成的。個個人都見過「寒鴉」和「日影」，從來卻沒有人想到班婕妤的「怨」可以見於帶昭陽日影的寒鴉。但是這話一經王昌齡說出，我們就覺得它實在是至情至理。從這個實例看，創造的定義就是：平常的舊材料之不平常的新綜合。

王昌齡的題目是〈長信怨〉。「怨」字是一個抽象的字，他的詩卻畫出一個如在目前的具體的情境，不言怨而怨自見。藝術不同哲學，它最忌諱抽象。抽象的概念在藝術家的腦裡都要先翻譯成具體的意象，然後才表現於作品。具體的意象才能引起深切的情感。比如說「貧富不均」一句話入耳時只是一筆冷冰冰的總帳，杜工部的「朱門酒肉臭，路有凍死骨」才是一幅驚心動魄的圖畫。思想家往往不是藝術家，就因爲不能把抽象的概念翻譯爲具體的意象。

從理智方面看，創造的想像可以分析爲兩種心理作用：一是分想作用，一是聯想作用。

我們所有的意象都不是獨立的，都是嵌在整個經驗裡面的，都是和許多其他意象固結在一起的。比如我昨天在樹林裡看見一隻鴉，同時還看見許多其他事物，如樹林、天空、行人等等。如果這些記憶都全盤復現於意識，我就無法單提鴉的意象來應用。好比你只要用一根絲，它裹在一團絲裡，要單抽出它而其他的絲也連帶地抽出來一樣。「分想作用」就是把某一個意象（比如說鴉）和與它相關的許多意象分開而單提出它來。這種分想作用是選擇的基礎。許多人不能創造藝術就因爲沒有這副本領。他們常常說：「一部十七史從何處說起？」他們一想到某一個意象，其餘許多平時雖有關係而與本題卻不相干的意象都一齊湧上心頭來，叫他們無法脫圍。小孩子讀死書，往往要從頭背誦到尾，才想起一篇文章中某一句話來，也就是吃不能「分想」的苦。

有分想作用而後有選擇，只是選擇有時就已經是創造。雕刻家在一塊頑石中雕出一座愛神來，畫家在一片荒林中描出一幅風景畫來，都是在混亂的情境中把用得著的成分單提出來，把用不著的成分丟開，來造成一個完美的形象。詩有時也只要有分想作用就可以作成。例如：「採菊東籬下，悠然見南山」，「寒波澹澹起，白鳥悠悠下」，「風吹草低見牛羊」諸名句都是從混亂的自然中畫出美的意象來，全無機杼的痕跡。

不過創造大半是舊意象的新綜合，綜合大半藉「聯想作用」。我們在上文談美感與聯想時已經說過錯亂的聯想妨礙美感的道理，但是我們卻保留過一條重要的原則：「聯想是知覺和想像的基礎。藝術不能離開知覺和想像，就不能離開聯想。」現在我們可以詳論這番話的意義了。

我們曾經把聯想分為「接近」和「類似」兩類。比如這首詩裡所用的「團扇」這個意象，在班婕妤自己第一次用它時，是起於類似聯想，因為她見到自己色衰失寵類似秋天的棄扇；在王昌齡用它時則起於接近聯想，因為他讀過班婕妤的〈怨歌行〉，提起班婕妤就因經驗接近而想到團扇的典故。不過他自然也可以想到她和團扇的類似。

「懷古」、「憶舊」的作品大半起於接近聯想，例如：看到赤壁就想起曹操和蘇東坡，看到遺衣掛壁就想到已故的妻子。類似聯想在藝術上尤其重要。《詩經》中「比」、「興」兩體都是根據類似聯想。比如〈關關雎鳩〉章就是拿雎鳩的摯愛比夫婦的情誼。〈長信怨〉裡的「玉顏」在現在已成濫調，但是第一次用這兩個字的人卻費了一番想像。「玉」和「顏」本來是風馬牛不相及，只因爲在色澤膚理上相類似，就嵌合在一起了。語言文字的引申義大半都是這樣起來的。例如：「雲破月來花弄影」一句詞中三個動詞都是起於類似聯想的引申義。

因爲類似聯想的結果，物固然可以變成人，人也可變成物。物變成人通常叫做「擬人」。〈長信怨〉的「寒鴉」是實例。鴉是否能寒，我們不能直接感覺到，我們覺得它寒，便是設身處地地想。不但如此，寒鴉在這裡是班婕妤所羡慕而又妒忌的受恩承寵者，它也許是隱喻趙飛燕。一切移情作用都起類似聯想，都是「擬人」的實例。例如：「感時花濺淚，恨別鳥驚心」和「水是眼波橫，山是眉峰聚」一類的詩句都是以物擬人。

人變成物通常叫做「托物」。班婕妤自比「團扇」，就是托物的實例。「托物」者大半不願直言心事，故婉轉以隱語出之。曹子建被迫於乃兄，在走七步路的時間中做成一首詩說：

煮豆燃豆萁，豆在釜中泣。
本是同根生，相煎何太急！

清朝有一位詩人不敢直罵愛新覺羅氏以胡人奪了明朝的江山，乃在詠〈紫牡丹〉詩裡寄意說：

奪朱非正色，異種亦稱王。

這都是托物的實例。最普通的托物是「寓言」，寓言大半拿動植物的故事來隱射人類的是非善惡。托物是中國文人最歡喜的玩藝兒。莊周、屈原首開端倪。但是後世注疏家對於古人詩文往往穿鑿附會太過，黃山谷說得好：

彼喜穿鑿者棄其大旨，取其發興，於所遇林泉人物草木魚蟲，以為物物皆有所托，如世間商度隱語者，則詩委地矣！

「擬人」和「托物」都屬於象徵。所謂「象徵」，就是以甲爲乙的符號。甲可以做乙的符號，大半起於類似聯想。象徵最大的用處就是以具體的事物來代替抽象的概念。我們在上文說過，藝術最怕抽象和空泛，象徵就是免除抽象和空泛的無二法門。象徵的定義可以說是：「寓理於象」。梅聖俞《續金針詩格》裡有一段話很可以發揮這個定義：

詩有內外意，內意欲盡其理，外意欲盡其象。內外意含蓄，方入詩格。

上面詩裡的「昭陽日影」便是象徵皇帝的恩寵。「皇帝的恩寵」是「內意」，是「理」，是一個空泛的抽象概念，所以王昌齡拿「昭陽日影」這個具體的意象來代替它，「昭陽日影」便是「象」，便是「外意」。不過這種象徵是若隱若現的。詩人用「昭陽日影」時，原來因爲「皇帝的恩寵」一類的字樣不足以盡其意蘊，如果我們一定要把它明白指爲「皇帝的恩寵」的象徵，這又未免剪雲爲裳，以跡象繩玄渺了。詩有可以解說出來的地方，也有不可以解說出來的地方。不可以言傳的全賴讀者意會。在微妙的境界我們尤其不可拘虛繩墨。

第十一章　超以象外，得其環中

——創造與情感

二、詩人於想像之外又必有情感。

分想作用和聯想作用只能解釋某意象的發生如何可能，不能解釋作者在許多可能的意象之中何以獨抉擇該意象。再就上文所引的王昌齡的〈長信怨〉來說，長信宮四圍的事物甚多，他何以單擇寒鴉？和寒鴉可發生聯想的事物甚多，他何以單擇昭陽日影？聯想並不是偶然的，有幾條路可走時而聯想只走某一條路，這就由於情感的陰驅潛率。在長信宮四圍的許多事物之中只有帶昭陽日影的寒鴉可以和棄婦的情懷相照映，只有它可以顯出一種「怨」的情境。在藝術作品中人情和物理要融成一氣，才能產生一個完整的境界。

這個道理可以再用一個實例來說明，比如王昌齡的〈閨怨〉：

閨中少婦不知愁，春日凝妝上翠樓。
忽見陌頭楊柳色，悔教夫婿覓封侯！

楊柳本來可以引起無數的聯想，桓溫因楊柳而想到「樹猶如此，人何以堪！」蕭道成因楊柳而想起「此柳風流可愛，似張緒當年！」韓君平因楊柳而想起「昔日青青今在否？」的章臺妓女，何以這首詩的主人獨懊悔當初勸丈夫出去謀官呢？因爲「夫婿」的意象對於「春日凝妝上翠樓」的閨中少婦是一種受情感飽和的意象，而楊柳的濃綠又最易惹起春意，所以經它一觸動，「夫婿」的意象就立刻浮上她的心頭了。情感是生生不息的，意象也是生生不息的。換一種情感就是換一種意象，換一種意象就是換一種境界。即景可以生情，因情也可以生景。所以詩是做不盡的。有人說，風花雪月等等都已經被前人說濫了，所有的詩都被前人做盡了，詩是沒有未來的了。這般人不但不知詩爲何物，也不知生命爲何物。詩是生命的表現。生命像柏格森所說的，時時在變化中即時時在創造中。說詩已經做窮了，就不啻說生命已到了末日。

王昌齡既不是班婕妤，又不是「閨中少婦」，何以能感到她們的情感呢？這又要回到「子非魚，安知魚之樂？」的老問題了。詩人和藝術家都有「設身處地」和「體物入微」的本領。他們在描寫一個人時，就要鑽進那個人的心孔，在霎時間就要變成那個人，親自享受他的生命，領略他的情感。所以我們讀他們的作品時，覺得它深中情理。在這種心靈感通中我們可以見出宇宙生命的連貫。詩人和藝術家的心就是一個小宇宙。

一般批評家常歡喜把文藝作品分爲「主觀的」和「客觀的」兩類，以爲寫自己經驗的作品是主觀的，寫旁人的作品是客觀的。這種分別其實非常膚淺。凡是主觀的作品都必同時是客觀的，凡是客觀的作品亦必同時是主觀的。比如說班婕妤的〈怨歌行〉：

新裂齊紈素，皎潔如霜雪。
裁為合歡扇，團團似明月。
出入君懷袖，動搖隨風發。
常恐秋節至，涼飆奪炎熱。
棄捐篋笥中，恩情中道絕。

她拿團扇自喻，可以說是主觀的文學。但是班婕妤在做這首詩時就不能同時在怨的情感中過活，她須暫時跳開切身的情境，看看它像什麼樣子，才能發現它像團扇。這就是說，她在做〈怨歌行〉時須退處客觀的地位，把自己的遭遇當作一幅畫來看。在這一剎那中，她就已經由棄婦變而為歌詠棄婦的詩人了，就已經在實際人生和藝術之中辟出一種距離來了。

再比如說王昌齡的〈長信怨〉。他以一位唐朝的男子來寫一位漢朝的女子，他的詩可以說是客觀的文學。但是他在做這首詩時一定要設身處地地想像班婕妤謫居長信宮的情況如何。像班婕妤自己一樣，他也是拿棄婦的遭遇當作一幅畫來欣賞。在想像到聚精會神時，他達到我們在前面所說的物我同一的境界，霎時之間，他的心境就變成班婕妤的心境了，他已經由客觀的觀賞者變而為主觀的享受者了。總之，主觀的藝術家在創造時也要能「超以象外」，客觀的藝術家在創造時也要能「得其環中」，像司空圖所說的。

文藝作品都必具有完整性。它是舊經驗的新綜合，它的精彩就全在這綜合上面見出。在未綜合之前，意象是散漫零亂的；在既綜合之後，意象是諧和整一的。這種綜合的原動力就是情感。凡是文藝作品都不能拆開來看，說某一筆平凡，某一句警闢，因為完整的全體中各部分都是相依為命的。人的美往往在眼睛上現出，但是也要全體健旺，眼中精神才飽滿，不能把眼睛單拆開來，說這是造化的「警句」。嚴滄浪說過：「漢魏古詩，氣象混沌，難以句摘；晉以還始有佳句。」這話本是見道語，而實際上又不盡然。晉以還始有佳句，但是晉以還的好詩像任何時代的好詩一樣，仍然「難以句摘」。比如〈長信怨〉的頭兩句：「奉帚平明金殿開，暫將團扇共徘徊」，拆開來單看，本很平凡。但是如果沒有這兩句所描寫的榮華冷落的情境，便顯不出後兩句的精彩。功夫雖從點睛見出，卻從畫龍做起。凡是欣賞或創造文藝作品，都要先注意到總印象，不可離開總印象而細論枝節。比如古詩〈江南〉：

江南可採蓮，蓮葉何田田！魚戲蓮葉間。
魚戲蓮葉東，魚戲蓮葉南，魚戲蓮葉西，魚戲蓮葉北。

單看起來，每句都無特色，合看起來，全篇卻是一幅極幽美的意境。這不僅是漢魏古詩是如此，晉以後的作品如陳子昂的〈登幽州臺〉：

前不見古人，後不見來者。
念天地之悠悠，獨愴然而涕下。

也是要在總印象上玩味，絕不能字斟句酌。晉以後的詩和晉以後的詞大半都是細節勝於總印象，聰明氣和斧鑿痕跡都露在外面，這的確是藝術的衰落現象。

情感是綜合的要素，許多本來不相關的意象如果在情感上能調協，便可形成完整的有機體，比如李太白的〈長相思〉收尾兩句說：

相思黃葉落，白露點青苔。

錢起的〈湘靈鼓瑟〉收尾兩句說：

曲終人不見，江上數峰青。

溫飛卿的〈菩薩蠻〉前闋說：

水晶簾裡頗黎枕，暖香惹夢鴛鴦錦。
江上柳如煙，雁飛殘月天。

秦少遊的〈踏莎行〉前闋說：

霧失樓臺，月迷津渡，桃源望斷無尋處。可堪孤館閉春寒，杜鵑聲裡斜陽暮。

這裡加圈的字句所傳出的意象都是物景，而這些詩詞全體原來都是著重人事。我們仔細玩味這些詩詞時，並不覺得人事之中猛然插入物景爲不倫不類，反而覺得它們天生成的聯絡在一起，互相烘托，益見其美。這就由於它們在情感上是諧和的。單拿「曲終人不見，江上數峰青」兩句詩來說，曲終人杳雖然與江上峰青絕不相干，但是這兩個意象都可以傳出一種淒清冷靜的情感，所以它們可以調和。如果只說「曲終人不見」而無「江上數峰青」，或是只說「江上數峰青」而無「曲終人不見」，意味便索然了。從這個例子看，我們可以見出創造如何是平常的意象的不平常的綜合，詩如何要論總印象，以及情感如何使意象整一種種道理了。

因為有情感的綜合，原來似散漫的意象可以變成不散漫，原來似重複的意象也可以變成不重複。《詩經》裡面的詩大半每篇都有數章，而數章所說的話往往無大差別。例如《王風．黍離》：

彼黍離離，彼稷之苗。行邁靡靡，中心搖搖。知我者謂我心憂，不知我者謂我何求！悠悠蒼天，此何人哉？

彼黍離離，彼稷之穗。行邁靡靡，中心如醉。知我者謂我心憂，不知我者謂我何求！悠悠蒼天，此何人哉？

彼黍離離，彼稷之實。行邁靡靡，中心如噎。知我者謂我心憂，不知我者謂我何求！悠悠蒼天，此何人哉？

這三章詩每章都只更換兩三個字，只有「苗」、「穗」、「實」三字指示時間的變遷，其餘「醉」、「噎」兩字只是為押韻而更換的；在意義上並不十分必要。三章詩合在一塊不過是說：「我一年四季心裡都在憂愁。」詩人何必把它說一遍又說一遍呢？因為情感原是往復低徊、纏綿不盡的。這三章詩在意義上確似重複而在情感上則不重複。

總之，藝術的任務是在創造意象，但是這種意象必定是受情感飽和的。情感或出於己，或出於人，詩人對於出於己者須跳出來視察，對於出於人者須鑽進去體驗。情感最易感通，所以「詩可以群」。

第十二章　從心所欲，不逾矩
——創造與格律

三、在藝術方面，受情感飽和的意象是嵌在一種格律裡面的。

我們再拿王昌齡的〈長信怨〉來說，在上文我們已經從想像和情感兩個觀點研究過它，話雖然已經說得不少，但是如果到此爲止，我們就不免抹煞了這首詩的一個極重要的成分。〈長信怨〉不僅是一種受情感飽和的意象，而這個意象又是嵌在調聲押韻的「七絕」體裡面的。「七絕」是一種格律。〈長信怨〉的意象是王昌齡的特創，這種格律卻不是他的特創。他以前有許多詩人用它，他以後也有許多詩人用它。它是詩人們父傳子、子傳孫的一套家當。其他如五古、七古、五律、七律以及詞的譜調等等也都是如此。

格律的起源都是歸納的，格律的應用都是演繹的。它本來是自然律，後來才變爲規範律。

專就詩來說，我們來看格律如何本來是自然的。

詩和散文不同。散文敘事說理，事理是直捷了當、一往無餘的，所以它忌諱迂迴往復，貴能直率流暢。詩遣興表情，興與情都是低徊往復、纏綿不盡的，所以它忌諱直率，貴有一唱三嘆之音，使情溢於辭。粗略地說，散文大半用敘述語氣，詩大半用驚嘆語氣。

拿一個實例來說，比如看見一位年輕姑娘，你如果把這段經驗當作「事」來敘，你只須說：「我看見一位年輕姑娘」；如果把它當作「理」來說，你只須說：「她年紀輕所以漂亮。」事既敘過了，理既說明了，你就不必再說什麼，聽者就可以完全明白你的意思。但是如果你一見就愛了她，你只說「我愛她」還不能了事，因爲這句話只是敘述一樁事而不是傳達一種情感，你是否眞心愛她，旁人在這句話本身中還無從見出。如果你眞心愛她，你此刻念她，過些時候還是念她。你的情感來而復去，去而復來。它是一個最不爽快的攪擾者。這種纏綿不盡的神情就要一種纏綿不盡的音節才表現得出。這個道理隨便拿一首戀愛詩來看就會明白。比如古詩〈華山畿〉：

奈何許！天下人何限？謙謙只為汝！

這本來是一首極簡短的詩，不是講音節的好例，但是在這極短的篇幅中我們已經可以領略到一種纏綿不盡的情感，就因爲它的音節雖短促而卻不直率。它的起句用「許」字落腳，第二句雖然用一個和「許」字不協韻的「限」字，末句卻仍回到和「許」字協韻的「汝」字落腳。這種音節是往而復返的（由「許」到「限」是往，由「限」到「汝」是返）。它所以往而復返者，就因爲情感也是往而復返的。這種道理在較長的詩裡更易見出，你把《詩經》中〈卷耳〉或是上文所引過的〈黍離〉玩味一番，就可以明白。

韻只是音節中一個成分。音節除韻以外，在章句長短和平仄交錯中也可以見出。章句長短和平仄交錯的存在理由也和韻一樣，都是順著情感的自然需要。分析到究竟，情感是心感於物的激動，和脈搏、呼吸諸生理機能都密切相關。這些生理機能的節奏都是抑揚相間，往而復返，長短輕重成規律的。情感的節奏見於脈搏、呼吸的節奏，脈搏、呼吸的節奏影響語言的節奏。詩本來就是一種語言，所以它的節奏也隨情感的節奏於往復中見規律。

最初的詩人都無意於規律而自合於規律，後人研究他們的作品，才把潛在的規律尋繹出來。這種規律起初都只是一種總結帳，一種統計，例如：「詩大半用韻」，「某字大半與某字協韻」，「章句長短大半有規律」，

「平聲和仄聲的交錯次第大半如此如此」之類。這本來是一種自然律。後來做詩的人看見前人做法如此，也就如法炮製。從前詩人多用五言或七言，他們於是也用五言或七言；從前詩人五言起句用仄仄平平仄，次句往往用平平仄仄平，於是他們調聲也用同樣的次第。這樣一來，自然律就變成規範律了。詩的聲韻如此，其他藝術的格律也是如此，都是把前規看成定例。

藝術上的通行的作法是否可以定成格律，以便後人如法炮製呢？

這是一個很難的問題，絕對的肯定答覆和絕對的否定答覆都不免有流弊。從歷史看，藝術的前規大半是先由自然律變而爲規範律，再由規範律變而爲死板的形式。一種作風在初盛時，自身大半都有不可磨滅的優點。後來聞風響應者得其形似而失其精神，有如東施學西施捧心，在彼爲美者在此反適增其醜。流弊漸深，反動隨起，於是文藝上有所謂「革命運動」。文藝革命的首領本來要把文藝從格律中解放出來，但是他們的聞風響應者又把他們的主張定爲新格律。這種新格律後來又因經形式化而引起反動。一波未平，一波又起。一部藝術史全是這些推陳翻新、翻新爲陳的軌跡。王靜安在《人間詞話》裡所以說：

四言敝而有《楚辭》，《楚辭》敝而有五言，五言敝而有七言，古詩敝而有律絕，律絕敝而有詞。蓋文體通行既久，染指遂多，自成習套，豪傑之士亦難於其中自出新意，故遁而作他體以自解脫。一切文體所以始盛終衰者皆由於此。

在西方文藝中，古典主義、浪漫主義、寫實主義和象徵主義相代謝的痕跡也是如此。各派有各派的格律，各派的格律都有因成習套而「敝」的時候。

格律既可「敝」，又何取乎格律呢？格律都有形式化的傾向，形式化的格律都有束縛藝術的傾向。我們知道這個道理，就應該知道提倡要格律的危險。但是提倡不要格律也是一樁很危險的事。我們固然應該記得格律可以變爲死板的形式，但是我們也不要忘記第一流藝術家大半都是從格律中做出來的。比如陶淵明的五古，李太白的七古，王摩詰的五律以及溫飛卿、周美成諸人所用的詞調，都不是出自作者心裁。

提倡格律和提倡不要格律都有危險，這豈不是一個矛盾麼？這並不是矛盾。創造不能無格律，但是只做到遵守格律的地步也絕不足與言創造。我們現在把這個道理解剖出來。

詩和其他藝術都是情感的流露。情感是心理中極原始的一種要素。人在理智未發達之前先已有情感；在理智既發達之後，情感仍然是理智的驅遣者。情感是心感於物所起的激動，其中有許多人所共同的成分，也有某個人所特有的成分。這就是說，情感一方面有群性，一方面也有個性，群性是得諸遺傳的，是永恆的，不易變化的；個性是成於環境的，是隨環境而變化的。所謂「心感於物」，就是以得諸遺傳的本能的傾向對付隨人而異、隨時而異的環境。環境隨人隨時而異，所以人類的情感時時在變化；遺傳的傾向爲多數人所共同，所以情感在變化之中有不變化者存在。

這個心理學的結論與本題有什麼關係呢？藝術是情感的返照，它也有群性和個性的分別，它在變化之中也要有不變化者存在。比如單拿詩來說，四言、五言、七言、古、律、絕、詞的交替是變化，而音節的需要則爲變化中的不變化者。變化就是創造，不變化就是因襲。把不變化者歸納成爲原則，就是自然律。這種自然律可以用爲規範律，因爲它本來是人類共同的情感的需要。但是只有群性而無個性，只有整齊而無變化，只有因襲而無創造，也就不能產生藝術。末流忘記這個道理，所以往往把格律變成死板的形式。

格律在經過形式化之後往往使人受拘束，這是事實，但是這絕不是格律本身的罪過，我們不能因噎廢食。格律不能束縛天才，也不能把庸手提拔到藝術家的地位。如果眞是詩人，格律會受他奴使；如果不是詩人，有格律他的詩固然腐濫，無格律它也還是腐濫。

古今大藝術家大半都從格律入手。藝術須寓整齊於變化。一味齊整，如鐘擺搖動聲，固然是單調；一味變化，如市場嘈雜聲，也還是單調。由整齊到變化易，由變化到整齊難。從整齊入手，創造的本能和特別情境的需要會使作者在整齊之中求變化以避免單調。從變化入手，則變化之上不能再有變化，本來是求新奇而結果卻仍還於單調。

古今大藝術家大半後來都做到脫化格律的境界。他們都從束縛中掙扎得自由，從整齊中醞釀出變化。格律是死方法，全賴人能活用。善用格律者好比打網球，打到嫻熟時雖無心於球規而自合於球規，在不識球規者看，球手好像縱橫如意，略無牽就規範的痕跡；在識球規者看，他卻處處循規蹈矩。姜白石說得好：「文以文而工，不以文而妙。」工在格律而妙則在神髓風骨。

孔夫子自道修養經驗說：「七十而從心所欲，不逾矩。」這是道德家的極境，也是藝術家的極境。「從心所欲，不逾矩」，藝術的創造活動盡於這七個字了。「從心所欲」者往往「逾矩」，「不逾矩」者又往往不能「從心所欲」。凡是藝術家都要能打破這個矛盾。孔夫子到快要死的時候才做到這種境界，可見循格律而能脫化格律，大非易事了。

第十三章　不似則失其所以爲詩，似則失其所以爲我

——創造與模仿

創造與格律的問題之外，還有一個和它密切相關的問題，就是創造與模仿。因襲格律本來就已經是一種模仿，不過藝術上的模仿並不限於格律，最重要的是技巧。

技巧可以分爲兩項說，一項是關於傳達的方法；一項是關於媒介的知識。

先說傳達的方法。我們在上文見過，凡是創造之中都有欣賞，但是創造卻不僅是欣賞。創造和欣賞都要見到一種意境。欣賞見到意境就止步，創造卻要再進一步，把這種意境外射到具體的作品上去。見到一種意境是一件事，把這種意境傳達出來讓旁人領略又是一件事。

比如我此刻想像到一個很美的夜景，其中園亭、花木、湖山、風月，件件都了然於心，可是我不能把它畫出來。我何以不能把它畫出來呢？因爲我

不能動手，不能像支配筋肉一樣任意活動。我如果勉強動手，我所畫出來的全不像我所想出來的，我本來要畫一條直線，畫出來的線卻是七彎八扭，我的手不能聽我的心指使。窮究到底，藝術的創造不過是手能從心，不過是能任所欣賞的意象支配筋肉的活動，使筋肉所變的動作恰能把意象畫在紙上或是刻在石上。

這種筋肉活動不是天生自在的，它須費一番功夫才學得來。我想到一隻虎不能畫出一隻虎來，但是我想到「虎」字卻能信手寫一個「虎」字出來。我寫「虎」字毫不費事，但是不識字的農夫看我寫「虎」字，正猶如我看畫家畫虎一樣可驚羨。一隻虎和一個「虎」字在心中時都不過是一種意象，何以「虎」字的意象能供我的手腕作寫「虎」字的活動，而虎的意象卻不能使我的手腕作畫虎的活動呢？這個分別全在有練習與沒有練習。我練習過寫字，卻沒有練習過作畫。我的手腕筋肉只有寫「虎」字的習慣，沒有畫虎的習慣。筋肉活動成了習慣以後就非常純熟，可以從心所欲，意到筆隨；但是在最初養成這種習慣時，好比小孩子學走路，大人初學游水，都要跌幾跤或是喝幾次水，才可以學會。

各種藝術都各有它的特殊的筋肉的技巧。例如：寫字、作畫、彈琴等等要有手腕筋肉的技巧，唱歌、吹簫要有喉舌脣齒諸筋肉的技巧，跳舞要有全身筋肉的技巧（嚴格地說，各種藝術都要有全身筋肉的技巧）。要想學一門藝術，就要先學它的特殊的筋肉的技巧。

學一門藝術的特殊的筋肉技巧，要用什麼方法呢？起初都要模仿。「模仿」和「學習」本來不是兩件事。姑且拿寫字做例來說。小兒學寫字，最初是描紅，其次是寫印本，再其次是臨帖。這些方法都是藉旁人所寫的字做榜樣，逐漸養成手腕筋肉的習慣。但是就我自己的經驗來說，學寫字最得益的方法是站在書家的身旁，看他如何提筆，如何運用手腕，如何使全身筋肉力量貫注在手腕上。他的筋肉習慣已養成了，在實地觀察他的筋肉如何動作時，我可以討一點訣竅來，免得自己去暗中摸索，尤其重要的是免得自己養成不良的筋肉習慣。

推廣一點說，一切藝術上的模仿都可以作如是觀。比如說作詩作文，似乎沒有什麼筋肉的技巧，其實也是一理。詩文都要有情感和思想。情感都見於筋肉的活動，我們在前面已經說過。思想離不開語言，語言離不開喉舌的動作。比如想到「虎」字時，喉舌間都不免起若干說出「虎」字的筋肉動作。這是行爲派心理學的創見，現在已逐漸爲一般心理學家所公認。詩人和文人常歡喜說「思路」，所謂「思路」並無若何玄妙，也不過是筋肉活動所走的特殊方向而已。

詩文上的筋肉活動是否可以模仿呢？它也並不是例外。中國詩人和文人向來著重「氣」字，我們現在來把這個「氣」字研究一番，就可以知道模仿筋肉活動的道理。曾國藩在《家訓》裡說過一段話，很可以值得我們注意：

> 凡作詩最宜講究聲調，須熟讀古人佳篇，先之以高聲朗誦，以昌其氣；繼之以密詠恬吟，以玩其味。二者並進，使古人之聲調拂拂然若與我喉舌相習，則下筆時必有句調奔赴腕下，詩成自讀之，亦自覺琅琅可誦，引出一種興會來。

從這段話看，可知「氣」與聲調有關，而聲調又與喉舌運動有關。韓昌黎也說過：「氣盛則言之短長與聲之高下皆宜。」聲本於氣，所以想得古人之氣，不得不求之於聲。求之於聲，即不能不朗誦。朱晦庵曾經說過：「韓昌黎、蘇明允作文，敝一生之精力，皆從古人聲響學。」所以從前古文家教人作文最重朗誦。

姚姬傳〈與陳碩士書〉說：「大抵學古文者，必須放聲疾讀，又緩讀，只久之自悟。若但能默看，即終身作外行也。」朗誦既久，則古人之聲就可以在我的喉舌筋肉上留下痕跡，「拂拂然若與我之喉舌相習」，到我自己下筆時，喉舌也自然順這個痕跡而活動，所謂「必有句調奔赴腕下」。要看自己的詩文的氣是否順暢，也要吟哦才行，因為吟哦時喉舌間所習得的習慣動作就可以再現出來。從此可知從前人所謂「氣」也就是一種筋肉技巧了。

關於傳達的技巧大要如此，現在再講關於媒介的知識。

什麼叫做「媒介」？它就是藝術傳達所用的工具。比如顏色、線形是圖畫的媒介，金石是雕刻的媒介，文字語言是文學的媒介。藝術家對於他所用的媒介也要有一番研究。比如達．芬奇的〈最後的晚餐〉是文藝復興時代最大的傑作。但是他的原跡是用一種不耐潮溼的油彩畫在一個易受潮溼的牆壁上，所以沒過多少時候就剝落消失去了。這就是對於媒介欠研究。再比如建築，它的媒介是泥石，它要把泥石砌成一個美的形象。建築家都要有幾何學和力學的知識，才能運用泥石；他還要明白他的媒介對於觀者所生的影響，才不至於亂用材料。希臘建築家往往把石柱的腰部雕得比上下都粗壯些，但是看起來它的粗細卻和上下一律，因爲腰部是受壓時最易折斷的地方，容易引起它比上下較細弱的錯覺，把腰部雕粗些，才可以彌補這種錯覺。

在各門藝術之中都有如此等類的關於媒介的專門知識，文學方面尤其顯著。詩文都以語言文字爲媒介。做詩文的人一要懂得字義，二要懂得字音，三要懂得字句的排列法，四要懂得某字某句的音義對於讀者所生的影響。這四樣都是專門的學問。前人對於這些學問已逐漸蓄積起許多經驗和成績，而不是任何人隻手空拳、毫無憑藉地在一生之內所可得到的。自己既不能件件去發明，就不得不利用前人的經驗和成績。文學家對於語言文字是如此，一切其他藝術家對於他的特殊的媒介也莫不然。各種藝術都同時是一種學問，都有無數年代所積成的技巧。學一門藝術，就要學該門藝術所特有的學問和技巧。這種學習就是利用過去經驗，就是吸收已有文化，也就是模仿的一端。

古今大藝術家在少年時所做的功夫大半都偏在模仿。米開朗基羅費過半生的功夫研究希臘羅馬的雕刻，莎士比亞也費過半生的功夫模仿和改作前人的劇本，這是最顯著的例。中國詩人中最不像用過功夫的莫過於李太白，但是他的集中模擬古人的作品極多，只略看看他的詩題就可以見出。杜工部說過：「李侯有佳句，往往似陰鏗」，他自己也說過：「解道長江靜如練，令人長憶謝玄暉。」他對於過去詩人的關係可以想見了。

藝術家從模仿人手，正如小兒學語言，打網球者學姿勢，跳舞者學步法一樣，並沒有什麼玄妙，也並沒有什麼荒唐。不過這步功夫只是創造的始基。沒有做到這步功夫和做到這步功夫就止步，都不足以言創造。我們在前面說過，創造是舊經驗的新綜合。舊經驗大半得諸模仿，新綜合則必自出心裁。

像格律一樣，模仿也有流弊，但是這也不是模仿本身的罪過。從前學者有人提倡模仿，也有人唾罵模仿，往往都各有各的道理，其實並不衝突。顧亭林的《日知錄》裡有一條說：

> 詩文之所以代變，有不得不然者。一代之文，沿襲已久，不容人人皆道此語。今且千數百年矣，而猶取古人之陳言一一而模仿之，以是為詩可乎？故不似則失其所以為詩，似則失其所以為我。

這是一段極有意味的話，但是他的結論是突如其來的。「不似則失其所以為詩」一句和上文所舉的理由恰相反。他一方面見到模仿古人不足以為詩，一方面又見到不似古人則失其所以為詩。這不是一個矛盾麼？

這其實並不是矛盾。詩和其他藝術一樣，須從模仿人手，所以不能不似古人，不似則失其所以為詩；但是它須歸於創造，所以又不能全似古人，全似古人則失其所以為我。創造不能無模仿，但是只有模仿也不能算是創造。

凡是藝術家都須有一半是詩人，一半是匠人。他要有詩人的妙悟，要有匠人的手腕，只有匠人的手腕而沒有詩人的妙悟，固不能有創作；只有詩人的妙悟而沒有匠人的手腕，即創作亦難盡善盡美。妙悟來自性靈，手腕則可得於模仿。匠人雖比詩人身分低，但亦絕不可少。青年作家往往忽略這一點。

第十四章　讀書破萬卷，下筆如有神

——天才與靈感

知道格律和模仿對於創造的關係，我們就可以知道天才和人力的關係了。

生來死去的人何只恆河沙數？眞正的大詩人和大藝術家是在一口氣裡就可以數得完的。何以同是人，有的能創造，有的不能創造呢？在一般人看，這全是由於天才的厚薄。他們以爲藝術全是天才的表現，於是天才成爲懶人的藉口。聰明人說，我有天才，有天才何事不可爲？用不著去下功夫。遲鈍人說，我沒有藝術的天才，就是下功夫也無益。於是藝術方面就無學問可談了。

「天才」究竟是怎麼一回事呢？

它自然有一部分得諸遺傳。有許多學者常歡喜替大創造家和大發明家理家譜，說莫札特有幾代祖宗會音樂，達爾文的祖父也是生物學家，曹操一家出了幾個詩人。這種證據固然有相當的價值，但是它絕不能完全解釋天才。同父母的兄弟賢愚往往相差很遠。曹操的祖宗有什麼大成就呢？曹操的後裔又有什麼大成就呢？

天才自然也有一部分成於環境。假令莫札特生在音階簡單、樂器拙陋的蒙昧民族中，也絕不能作出許多複音的交響曲。「社會的遺產」是不可蔑視的。文藝批評家常歡喜說，偉大的人物都是他們的時代的驕子，藝術是時代和環境的產品。這話也有不盡然。同是一個時代而成就卻往往不同。英國在產生莎士比亞的時代和西班牙是一般隆盛，而當時西班牙並沒有產生偉大的作者。偉大的時代不一定能產生偉大的藝術。美國的獨立，法國的大革命在近代都是極重大的事件，而當時藝術卻卑卑不足高論。偉大的藝術也不必有偉大的時代做背景，席勒和歌德的時代，德國還是一個沒有統一的紛亂的國家。

我承認遺傳和環境的影響非常重大，但是我相信它們都不能完全解釋天才。在固定的遺傳和環境之下，個人還有努力的餘地。遺傳和環境對於人只是一個機會，一種本錢，至於能否利用這個機會，能否拿這筆本錢去做出生意來，則所謂「神而明之，存乎其人」。有些人天資頗高而成就則平凡，他們好比有大本錢而沒有做出大生意；也有些人天資並不特異而成就則斐然可觀，他們好比拿小本錢而做出大生意。這中間的差別就在努力與不努力了。牛頓可以說是科學家中一個天才了，他常常說：「天才只是長久的耐苦。」這話雖似稍嫌過火，卻含有很深的眞理。只有死功夫固然不盡能發明或創造，但是能發明創造者卻大半是下過死功夫來的。哲學中的康德、科學中的牛頓、雕刻圖畫中的米開朗基羅、音樂中的貝多芬、書法中的王羲之、詩中的杜工部，這些實例已經夠證明人力的重要，又何必多舉呢？

最容易顯出天才的地方是靈感。我們只須就靈感研究一番，就可以見出天才的完成不可無人力了。

杜工部嘗自道經驗說：「讀書破萬卷，下筆如有神。」所謂「靈感」就是杜工部所說的「神」，「讀書破萬卷」是功夫，「下筆如有神」是靈感。據杜工部的經驗看，靈感是從功夫出來的。如果我們藉心理學的幫助來分析靈感，也可以得到同樣的結論。

靈感有三個特徵：

一、它是突如其來的，出於作者自己意料之外的。根據靈感的作品大半來得極快。從表面看，我們尋不出預備的痕跡。作者絲毫不費心血，意象湧上心頭時，他只要信筆疾書。有時作品已經創造成功了，他自己才知道無意中又成了一件作品。歌德著《少年維特之煩惱》的經過，便是如此。據他自己說，他有一天聽到一位少年失戀自殺的消息，突然間彷彿見到一道光在眼前閃過，立刻就想出全書的框架。他費兩個星期的功夫一口氣把它寫成。在復看原稿時，他自己很驚訝，沒有費力就寫成一本書，告訴人說：「這部小冊子好像是一個患睡行症者在夢中作成的。」

二、它是不由自主的，有時苦心搜索而不能得的偶然在無意之中湧上心頭。希望它來時它偏不來，不希望它來時它卻驀然出現。法國音樂家柏遼茲有一次替一首詩作樂譜，全詩都譜成了，只有收尾一句（「可憐的兵士，我終於要再見法蘭西！」）無法可譜。他再三思索，不能想出一段樂調來傳達這句詩的情思，終於把它擱起。兩年之後，他到羅馬去玩，失足落水，爬起來時口裡所唱的樂調，恰是兩年前所再三思索而不能得的。

三、它也是突如其去的，練習作詩文的人大半都知道「敗興」的味道。「興」也就是靈感。詩文和一切藝術一樣都宜於乘興會來時下手。興會一來，思致自然滔滔不絕。沒有興會時寫一句極平常的話倒比寫什麼還難。興會來時最忌外擾。本來文思正在源源而來，外面狗叫一聲，或是墨水猛然打倒了，便會把思路打斷。斷了之後就想盡方法也接不上來。謝無逸問潘大臨近來作詩沒有，潘大臨回答說：「秋來日日是詩思。昨日捉筆得『滿城風雨近重陽』之句，忽催租人至，令人意敗。輒以此一句奉寄。」這是「敗興」的最好的例子。

靈感既然是突如其來，突然而去，不由自主，那不就無法可以用人力來解釋麼？從前人大半以爲靈感非人力，以爲它是神靈的感動和啓示。在靈感之中，彷彿有神靈憑附作者的軀體，暗中驅遣他的手腕，他只是坐享其成。但是從近代心理學發現潛意識活動之後，這種神祕的解釋就不能成立了。

什麼叫做「潛意識」呢？我們的心理活動不盡是自己所能覺到的。自己的意識所不能察覺到的心理活動就屬於潛意識。意識既不能察覺到，我們何以知道它存在呢？變態心理中有許多事實可以爲憑。比如說催眠，受催眠者可以談話、做事、寫文章、做數學題，但是醒過來後對於催眠狀態中所說的話和所做的事往往完全不知道。此外還有許多精神病人現出「兩重人格」。例如：一個人乘火車在半途跌下，把原來的經驗完全忘記，換過姓名在附近鎮市上做了幾個月的買賣。有一天他忽然醒過來，發現身邊事物都是不認識的，才自疑何以走到這麼一個地方。旁人告訴他說他在那裡開過幾個月的店，他絕對不肯相信。心理學家根據許多類似事實，斷定人於意識之外又有潛意識，在潛意識中也可以運用意志、思想，受催眠者和精神病人便是如此。在通常健全心理中，意識壓倒潛意識，只讓它在暗中活動。在變態心理中，意識和潛意識交替來去。它們完全分裂開來，意識活動時潛意識便沉下去，潛意識湧現時，便把意識淹沒。

靈感就是在潛意識中醞釀成的情思猛然湧現於意識。它好比伏兵，在未開火之前，只是鴉雀無聲地準備，號令一發，它乘其不備地發動總攻擊，一鼓而下敵。在沒有偵探清楚的敵人（意識）看，它好比周亞夫將兵從天而至一樣。這個道理我們可以拿一件淺近的事實來說明。我們在初練習寫字時，天天覺得自己在進步，過幾個月之後，進步就猛然停頓起來，覺得字愈寫愈壞。但是再過些時候，自己又猛然覺得進步。進步之後又停頓，停頓之後又進步，如此輾轉幾次，字才寫得好。學別的技藝也是如此。據心理學家的實驗，在進步停頓時，你如果索性不練習，把它丟開去做旁的事，過些時候再起手來寫，字仍然比停頓以前較進步。這是什麼道理呢？就因爲在意識中思索的東西應該讓它在潛意識中醞釀一些時候才會成熟。功夫沒有錯用的，你自己以爲勞而不獲，但是你在潛意識中實在仍然於無形中收效果。所以心理學家有「夏天學溜冰，冬天學泅水」的說法。溜冰本來是在前一個冬天練習的，今年夏天你雖然是在做旁的事，沒有想到溜冰，但是溜冰的筋肉技巧卻恰在這個不溜冰的時節暗裡培養成功。一切腦的工作也是如此。

靈感是潛意識中的工作在意識中的收穫。它雖是突如其來，卻不是毫無準備。法國大數學家潘嘉賫常說他的關於數學的發明大半是在街頭閒逛時無意中得來的。但是我們從來沒有聽過有一個人向來沒有在數學上用功夫，猛然在街頭閒逛時發明數學上的重要原則。在羅馬落水的如果不是素習音樂的柏遼茲，跳出水時也絕不會隨口唱出一曲樂調。他的樂調是費過兩年的潛意識醞釀的。

從此我們可以知道「讀書破萬卷，下筆如有神」兩句詩是至理名言了。不過靈感的培養正不必限於讀書。人只要留心，處處都是學問。藝術家往往在他的藝術範圍之外下功夫，在別種藝術之中玩索得一種意象，讓它沉在潛意識裡去醞釀一番，然後再用他的本行藝術的媒介把它翻譯出來。吳道子生平得意的作品爲洛陽天宮寺的神鬼，他在下筆之前，先請斐旻舞劍一回給他看，在劍法中得著筆意。張旭是唐朝的草書大家，他嘗自道經驗說：「始吾見公主擔夫爭路，而得筆法之意；後見公孫氏舞劍器，而得其神。」

王羲之的書法相傳是從看鵝掌撥水得來的。法國大雕刻家羅丹也說道：「你問我在什麼地方學來的雕刻？在深林裡看樹，在路上看雲，在雕刻室裡研究模型學來的。我在到處學，只是不在學校裡。」

從這些實例看，我們可知各門藝術的意象都可觸類旁通。書畫家可以從劍的飛舞或鵝掌的撥動之中得到一種特殊的筋肉感覺來助筆力，可以得到一種特殊的胸襟來增進書畫的神韻和氣勢。推廣一點說，凡是藝術家都不宜只在本行小範圍之內用功夫，須處處留心玩索，才有深厚的修養。魚躍鳶飛，風起水湧，以至於一塵之微，當其接觸感官時我們雖常不自覺其在心靈中可生若何影響，但是到揮毫運斤時，他們都會湧到手腕上來，在無形中驅遣它，左右它。在作品的外表上我們雖不必看出這些意象的痕跡，但是一筆一劃之中都潛寓它們的神韻和氣魄。這樣意象的蘊蓄便是靈感的培養。它們在潛意識中好比桑葉到了蠶腹，經過一番咀嚼組織而成絲，絲雖然已不是桑葉而卻是從桑葉變來的。

第十五章　慢慢走，欣賞啊！

——人生的藝術化

一直到現在，我們都是討論藝術的創造與欣賞。在收尾這一節中，我提議約略說明藝術和人生的關係。

我在開章明義時就著重美感態度和實用態度的分別，以及藝術和實際人生之中所應有的距離，如果話說到這裡爲止，你也許誤解我把藝術和人生看成漠不相關的兩件事。我的意思並不如此。

人生是多方面而卻相互和諧的整體，把它分析開來看，我們說某部分是實用的活動，某部分是科學的活動，某部分是美感的活動，爲正名析理起見，原應有此分別；但是我們不要忘記，完滿的人生見於這三種活動的平均發展，它們雖是可分別的而卻不是互相衝突的。「實際人生」比整個人生的意義較爲窄狹。一般人的錯誤在把它們認爲相等，以爲藝術對於「實際人生」既是隔著一層，它在整個人生中也就沒有什麼價值。有些人爲維護藝術的地位，又想把它硬納到「實際人生」的小範圍裡去。這般人不但是誤解藝術，而且也沒有認識人生。我們把實際生活看作整個人生之中的一片段，所以在肯定藝術與實際人生的距離時，並非肯定藝術與整個人生的隔閡。嚴格地說，離開人生便無所謂藝術，因爲藝術是情趣的表現，而情趣的根源就在人生；反之，離開藝術也便無所謂人生，因爲凡是創造和欣賞都是藝術的活動，無創造、無欣賞的人生是一個自相矛盾的名詞。

人生本來就是一種較廣義的藝術。每個人的生命史就是他自己的作品。這種作品可以是藝術的，也可以不是藝術的，正猶如同是一種頑石，這個人能把它雕成一座偉大的雕像，而另一個人卻不能使它「成器」，分別全在性分與修養。知道生活的人就是藝術家，他的生活就是藝術作品。

過一世生活好比做一篇文章。完美的生活都有上品文章所應有的美點。

第一，一篇好文章一定是一個完整的有機體，其中全體與部分都息息相關，不能稍有移動或增減。一字一句之中都可以見出全篇精神的貫注。比如陶淵明的〈飲酒〉詩本來是「採菊東籬下，悠然見南山」，後人把「見」字誤印爲「望」字，原文的自然與物相遇相得的神情便完全喪失。這種藝術的完整性在生活中叫做「人格」。凡是完美的生活都是人格的表現。大而進退取與，小而聲音笑貌，都沒有一件和全人格相衝突。不肯爲五斗米折腰向鄉里小兒，是陶淵明的生命史中所應有的一段文章，如果他錯過這一個小節，便失其爲陶淵明。下獄不肯脫逃，臨刑時還叮葉囑咐還鄰人一隻雞的債，是蘇格拉底的生命史中所應有的一段文章，否則他便失其爲蘇格拉底。這種生命史才可以使人把它當作一幅圖畫去驚讚，它就是一種藝術的傑作。

其次，「修辭立其誠」是文章的要訣，一首詩或是一篇美文一定是至性深情的流露，存於中然後形於外，不容有絲毫假借。情趣本來是物我交感共鳴的結果。景物變動不居，情趣亦自生生不息。我有我的個性，物也有物的個性，這種個性又隨時地變遷而生長發展。每人在某一時會所見到的景物，和每種景物在某一時會所引起的情趣，都有它的特殊性，斷不容與另一人在另一時會所見到的景物，和另一景物在另一時會所引起的情趣完全相同。毫釐之差，微妙所在。在這種生生不息的情趣中我們可以見出生命的造化。把這種生命流露於語言文字，就是好文章；把它流露於言行風采，就是美滿的生命史。

文章忌俗濫，生活也忌俗濫。俗濫就是自己沒有本色而蹈襲別人的成規舊矩。西施患心病，常捧心顰眉，這是自然的流露，所以愈增其美。東施沒有心病，強學捧心顰眉的姿態，只能引人嫌惡。在西施是創作，在東施便是濫調。濫調起於生命的乾枯，也就是虛僞的表現。「虛僞的表現」就是「醜」，克羅齊已經說過。「風行水上，自然成紋」，文章的妙處如此，生活的妙處也是如此。在什麼地位，是怎樣的人，感到怎樣情趣，便現出怎樣言行風采，叫人一見就覺其諧和完整，這才是藝術的生活。

俗語說得好：「唯大英雄能本色」，所謂藝術的生活就是本色的生活。世間有兩種人的生活最不藝術，一種是俗人，一種是僞君子。「俗人」根本就缺乏本色，「僞君子」則竭力遮蓋本色。朱晦庵有一首詩說：「半畝方塘一鑑開，天光雲影共徘徊。問渠哪得清如許？爲有源頭活水來。」藝術的生活就是有「源頭活水」的生活。俗人迷於名利，與世浮沉，心裡沒有「天光雲影」，就因爲沒有源頭活水。他們的大病是生命的乾枯。「僞君子」則於這種「俗人」的資格之上，又加上「沐猴而冠」的伎倆。他們的特點不僅見於道德上的虛僞，一言一笑、一舉一動，都叫人起不美之感。誰知道風流名士的架子之中掩藏了幾多行屍走肉？無論是「俗人」或是「僞君子」，他們都是生活中的「苟且者」，都缺乏藝術家在創造時所應有的良心。像柏格森所說的，他們都是「生命的機械化」，只能作喜劇中的角色。生活落到喜劇裡去的人大半都是不藝術的。

藝術的創造之中都必寓有欣賞，生活也是如此。一般人對於一種言行常歡喜說它「好看」、「不好看」，這已有幾分是拿藝術欣賞的標準去估量它。但是一般人大半不能澈底，不能拿一言一笑、一舉一動納在全部生命史裡去看，他們的「人格」觀念太淡薄，所謂「好看」、「不好看」往往只是「敷衍面子」。善於生活者則澈底認眞，不讓一塵一芥妨礙整個生命的和諧。一般人常以爲藝術家是一班最隨便的人，其實在藝術範圍之內，藝術家是最嚴肅不過的。在鍛鍊作品時常嘔心嘔肝，一筆一劃也不肯苟且。王荊公作「春風又綠江南岸」一句詩時，原來「綠」字是「到」字，後來由「到」字改爲「過」字，由「過」字改爲「入」字，由「入」字改爲「滿」字，改了十幾次之後才定爲「綠」字。即此一端可以想見藝術家的嚴肅了。善於生活者對於生活也是這樣認眞。曾子臨死時記得床上的席子是季路的，一定叫門人把它換過才瞑目。吳季札心裡已經暗許贈劍給徐君，沒有實行徐君就已死去，他很鄭重地把劍掛在徐君墓旁樹上，以見「中心契合死生不渝」的風誼。像這一類的言行看來雖似小節，而善於生活者卻不肯輕易放過，正猶如詩人不肯輕易放過一字一句一樣。小節如此，大節更不消說。董狐寧願斷頭不肯掩蓋史實，夷齊餓死不願降周，這種風度是道德的也是藝術的。我們主張人生的藝術化，就是主張對於人生的嚴肅主義。

藝術家估定事物的價值，全以它能否納人和諧的整體爲標準，往往出於一般人意料之外。他能看重一般人所看輕的，也能看輕一般人所看重的。在看重一件事物時，他知道執著；在看輕一件事物時，他也知道擺脫。藝術的能事不僅見於知所取，尤其見於知所捨。蘇東坡論文，謂如水行山谷中，行於其所不得不行，止於其所不得不止。這就是取捨恰到好處，藝術化的人生也是如此。善於生活者對於世間一切，也拿藝術的口胃去評判它，合於藝術口胃者毫毛可以變成泰山，不合於藝術口胃者泰山也可以變成毫毛。他不但能認眞，而且能擺脫。在認眞時見出他的嚴肅，在擺脫時見出他的豁達。孟敏墮甑，不顧而去，郭林宗見到以爲奇怪。他說：「甑已碎，顧之何益？」哲學家斯賓諾莎寧願靠磨鏡過活，不願當大學教授，怕妨礙他的自由。王徽之居山陰，有一天夜雪初霽，月色清朗，忽然想起他的朋友戴逵，便乘小舟到剡溪去訪他，剛到門口便把船划回去。他說：「乘興而來，興盡而返。」這幾件事彼此相差很遠，卻都可以見出藝術家的豁達。偉大的人生和偉大的藝術都要同時並有嚴肅與豁達之勝。晉代清流大半只知道豁達而不知道嚴肅，宋朝理學又大半只知道嚴肅而不知道豁達。陶淵明和杜子美庶幾算得恰到好處。

一篇生命史就是一種作品，從倫理的觀點看，它有善惡的分別，從藝術的觀點看，它有美醜的分別。善惡與美醜的關係究竟如何呢？

就狹義說，倫理的價值是實用的，美感的價值是超實用的；倫理的活動都是有所為而為，美感的活動則是無所為而為。比如仁義忠信等等都是善，問它們何以為善，我們不能不著眼到人群的幸福。美之所以為美，則全在美的形象本身，不在它對於人群的效用（這並不是說它對於人群沒有效用）。假如世界上只有一個人，他就不能有道德的活動，因為有父子才有慈孝可言，有朋友才有信義可言。但是這個想像的孤零零的人還可以有藝術的活動，他還可以欣賞他所居的世界，他還可以創造作品。善有所賴而美無所賴，善的價值是「外在的」，美的價值是「內在的」。

不過這種分別究竟是狹義的。就廣義說，善就是一種美，惡就是一種醜。因為倫理的活動也可以引起美感上的欣賞與嫌惡。希臘大哲學家柏拉圖和亞理斯多德討論倫理問題時都以為善有等級，一般的善雖只有外在的價值，而「至高的善」則有內在的價值。這所謂「至高的善」究竟是什麼呢？柏拉圖和亞理斯多德本來是一走理想主義的極端，一走經驗主義的極端，但是對於這個問題，意見卻一致。他們都以為「至高的善」在「無所為而為的玩索」（disinterested contemplation）。這種見解在西方哲學思潮上影響極大，斯賓諾莎、黑格爾、叔本華的學說都可以參證。從此可知西方哲人心目中的「至高的善」還是一種美，最高的倫理的活動還是一種藝術的活動了。

「無所為而為的玩索」何以看成「至高的善」呢？這個問題涉及西方哲人對於神的觀念。從耶穌教盛行之後，神才是一個大慈大悲的道德家。在希臘哲人以及近代萊布尼茲、尼采、叔本華諸人的心目中，神卻是一個大藝術家，他創造這個宇宙出來，全是為著自己要創造，要欣賞。其實這種見解也並不減低神的身分。耶穌教的神只是一班窮叫化子中的一個肯施捨的財主老，而一般哲人心中的神，則是以宇宙為樂曲而要在這種樂曲之中見出和諧的音樂家。這兩種觀念究竟是哪一個偉大呢？在西方哲人想，神只是一片精靈，他的活動絕對自由而不受限制，至於人則為肉體的需要所限制而不能絕對自由。人愈能脫肉體需求的限制而作自由活動，則離神亦愈近。「無所為而為的玩索」是唯一的自由活動，所以成為最上的理想。

這番話似乎有些玄渺，在這裡本來不應說及。不過無論你相信不相信，有許多思想卻值得當作一個意象懸在心眼前來玩味玩味。我自己在閒暇時也歡喜看看哲學書籍。老實說，我對於許多哲學家的話都很懷疑，但是我覺得他們有趣。我以爲窮到究竟，一切哲學系統也都只能當作藝術作品去看。哲學和科學窮到極境，都是要滿足求知的欲望。每個哲學家和科學家對於他自己所見到的一點眞理（無論它究竟是不是眞理）都覺得有趣味，都用一股熱忱去欣賞它。眞理在離開實用而成爲情趣中心時就已經是美感的對象了。「地球繞日運行」，「勾方加股方等於弦方」一類的科學事實，和〈密羅斯愛神〉或〈第九交響曲〉一樣可以攝魂震魄。科學家去尋求這一類的事實，窮到究竟，也正因爲它們可以攝魂震魄。所以科學的活動也還是一種藝術的活動，不但善與美是一體，眞與美也並沒有隔閡。

藝術是情趣的活動，藝術的生活也就是情趣豐富的生活。人可以分爲兩種，一種是情趣豐富的，對於許多事物都覺得有趣味，而且到處尋求享受這種趣味。一種是情趣乾枯的，對於許多事物都覺得沒有趣味，也不去尋求趣味，只終日拚命和蠅蛆在一塊爭溫飽。後者是俗人，前者就是藝術家。情趣愈豐富，生活也愈美滿，所謂人生的藝術化就是人生的情趣化。

「覺得有趣味」就是欣賞。你是否知道生活，就看你對於許多事物能否欣賞。欣賞也就是「無所為而為的玩索」。在欣賞時人和神仙一樣自由，一樣有福。

阿爾卑斯山谷中有一條大汽車路，兩旁景物極美，路上插著一個標語牌勸告遊人說：「慢慢走，欣賞啊！」許多人在這車如流水馬如龍的世界過活，恰如在阿爾卑斯山谷中乘汽車兜風，匆匆忙忙地急馳而過，無暇一回首流連風景，於是這豐富華麗的世界便成為一個了無生趣的囚牢。這是一件多麼可惋惜的事啊！

朋友，在告別之前，我採用阿爾卑斯山路上的標語，在中國人告別慣用語之下加上三個字奉贈：

「慢慢走，欣賞啊！」

光潛

一九三二年夏，萊茵河畔

後記

這部稿子承朱自清、蕭石君、奚今吾三位朋友替我仔細校改過。我每在印成的文章上發現到自己不小心的地方就覺得頭痛，所以對他們特別感謝。

光潛

無言之美

孔子有一天突然很高興地對他的學生說：「予欲無言。」子貢就接著問他：「子如不言，則小子何述焉？」孔子說：「天何言哉？四時行焉，百物生焉。天何言哉？」

這段讚美無言的話，本來從教育方面著想。但是要明瞭無言的意蘊，宜從美術觀點去研究。

言所以達意，然而意決不是完全可以言達的。因為言是固定的，有跡象的；意是瞬息萬變，飄渺無蹤的。言是散碎的，意是混整的。言是有限的，意是無限的。以言達意，好像用斷續的虛線畫實物，只能得其近似。

所謂文學，就是以言達意的一種美術。在文學作品中，語言之先的意象，和情緒意旨所附麗的語言，都要盡美盡善，才能引起美感。

盡美盡善的條件很多。但是第一要不違背美術的基本原理，要「和自然逼真」（true to nature）：這句話講得通俗一點，就是說美術作品不能說謊。不說謊包含有兩種意義：一、我們所說的話，就恰似我們所想說的話。二、我們所想說的話，我們都吐肚子說出來了，毫無餘蘊。

意既不可以完全達之以言，「和自然逼眞」一個條件在文學上不是做不到麼？或者我們問得再直截一點，假使語言文字能夠完全傳達情意，假使筆之於書的和存之於心的銖兩悉稱，絲毫不爽，這是不是文學上所應希求的一件事了。

這個問題是瞭解文學及其他美術所必須回答的。現在我們姑且答道：文字語言固然不能全部傳達情緒意旨，假使能夠，也並非文學所應希求的。一切美術作品也都是這樣，儘量表現，非惟不能，而也不必。

先從事實下手研究。譬如有一個荒村或任何物體，攝影家把它照一幅相，美術家把它畫一幅畫。這種相片和圖畫可以從兩個觀點去比較：第一，相片或圖畫，哪一個較「和自然逼眞」？不消說得，在同一視域以內的東西，相片都可以包羅盡致，並且體積比例和實物都兩兩相稱，不會有絲毫錯誤。圖畫就不然；美術家對一種境遇，未表現之先，先加一番選擇。選擇定的材料還須經過一番理想化，把美術家的人格參加進去，然後表現出來。所表現的只是實物一部分，就連這一部分也不必和實物完全一致。所以圖畫絕不能如相片一樣「和自然逼眞」。第二，我們再問，相片和圖畫所引起的美感哪一個濃厚，所發生的印象哪一個深刻，這也不消說，稍有美術口胃的人都覺得圖畫比相片美得多。

文學作品也是同樣。譬如《論語》，「子在川上曰：『逝者如斯夫，不舍晝夜！』」幾句話絕沒完全描寫出孔子說這番話時候的心境，而「如斯夫」三字更籠統，沒有把當時的流水形容盡致。如果說詳細一點，孔子也許這樣說：「河水滾滾地流去，日夜都是這樣，沒有一刻停止。世界上一切事物不都像這流水時常變化不盡麼？過去的事物不就永遠過去絕不回頭麼？我看見這流水心中好不慘傷呀！……」但是縱使這樣說去，還沒有盡意。而比較起來，「逝者如斯夫，不舍晝夜！」九個字比這段長而臭的演義就值得玩味多了！在上等文學作品中——尤其在詩詞中——這種言不盡意的例子處處都可以看見。譬如陶淵明的〈時運〉，「有風自南，翼彼新苗」；〈讀《山海經》〉，「微雨從東來，好風與之俱」；本來沒有表現出詩人的情緒，然而玩味起來，自覺有一種閒情逸致，令人心曠神怡。錢起的〈省試湘靈鼓瑟〉末二句，「曲終人不見，江上數峰青」，也沒有說出詩人的心緒，然而一種淒涼惜別的神情自然流露於言語之外。此外像陳子昂的〈幽州臺懷古〉，「前不見古人，後不見來者，念天地之幽幽，獨愴然而涕下！」李白的〈怨情〉，「美人捲珠簾，深坐蹙蛾眉。但見淚痕溼，不知心恨誰。」雖然說明了詩人的情感，而所說出來的多麼簡單，所含蓄的多麼深遠？再就寫景說，無論何種境遇，要描寫得惟妙惟肖，都要費許多筆墨。但是大手筆只選擇兩三件事輕描淡寫一下，完全境遇便呈露眼前，栩栩如生。譬如陶淵明的〈歸園田居〉：「方宅十餘畝，草屋八九間。榆柳陰後簷，桃李羅堂前。曖曖遠人村，依依墟里煙。狗吠深巷中，雞鳴桑樹巔。」四十字把鄉村風景描寫多麼眞切！再如杜工部的〈後出塞〉，「落日照大地，馬鳴風蕭蕭。平沙列萬幕，部伍各見招。中天懸明月，令嚴夜寂寥。悲笳數聲動，壯士慘不驕。」寥寥幾句話，把月夜沙場狀況寫得多麼有聲有色，然而仔細觀察起來，鄉村景物還有多少爲陶淵明所未提及？戰地情況還有多少爲杜工部所未提及？從此可知文學上我們並不以儘量表現爲難能可貴。

在音樂裡面，我們也有這種感想，凡是唱歌奏樂，音調由洪壯急促而變到低微以至於無聲的時候，我們精神上就有一種沉默肅穆和平愉快的景象。白香山在〈琵琶行〉裡形容琵琶聲音暫時停頓的情況說，「冰泉冷澀弦凝絕，凝絕不通聲暫歇。別有幽愁暗恨生，此時無聲勝有聲。」這就是形容音樂上無言之美的滋味。著名英國詩人濟慈（Keats）在〈希臘花瓶歌〉也說，「聽得見的聲調固然幽美，聽不見的聲調尤其幽美」（Heard melodies are sweet；but those unheard sweeter），也是說同樣道理。大概喜歡音樂的人都嘗過此中滋味。

就戲劇說，無言之美更容易看出。許多作品往往在熱鬧場中動作快到極重要的一點時，忽然萬籟俱寂，現出一種沉默神秘的景象。梅特林克（Maeterlinck）的作品就是好例。譬如《青鳥》的佈景，擇夜闌人靜的時候，使重要角色睡得很長久，就是利用無言之美的道理。梅氏並且說：「口開則靈魂之門閉，口閉則靈魂之門開。」讚無言之美的話不能比此更透闢了。莎士比亞的名著《哈姆雷特》一劇開幕便描寫更夫守夜的狀況，德林瓦特（Drinkwater）在其《林肯》中描寫林肯在南北戰爭軍事傍午的時候跪著默禱，王爾德（O. Wilde）的《溫德梅爾夫人的扇子》裡面描寫溫德梅爾夫人私奔在她的情人寓所等候的狀況，都在興酣局緊，心懸懸渴望結局時，放出沉默神秘的色彩，都足以證明無言之美的。近代又有一種默劇和靜的佈景，或只有動作而無言語，或連動作也沒有，就將靠無言之美引人人勝了。

雕刻塑像本來是無言的，也可以拿來說明無言之美。所謂無言，不一定指不說話，是注重在含蓄不露。雕刻以靜體傳神，有些是流露的，有些是含蓄的。這種分別在眼睛上尤其容易看見。中國有一句諺語說，「金剛怒目，不如菩薩低眉」，所謂怒目，便是流露；所謂低眉，便是含蓄。凡看低頭閉目的神像，所生的印象往往特別深刻。最有趣的就是西洋愛神的雕刻，她們男女都是瞎了眼睛。這固然根據希臘的神話，然而實在含有美術的道理，因爲愛情通常都在眉目間流露，而流露愛情的眉目是最難比擬的。所以索性雕成盲目，可以耐人尋思。當初雕刻家原不必有意爲此，但這些也許是人類不用意識而自然碰的巧。

要說明雕刻上流露和含蓄的分別，希臘著名雕刻「拉奥孔」（*Laocoon*）是最好的例子。相傳拉奥孔犯了大罪，天神用了一種極慘酷的刑法來懲罰他，遣了一條惡蛇把他和他的兩個兒子在一塊絞死了。在這種極刑之下，未死之前當然有一種悲傷慘戚目不忍睹的一頃刻，而希臘雕刻家並不擒住這一頃刻來表現，他只把將達苦痛極點前一頃刻的神情雕刻出來，所以他所表現的悲哀是含蓄不露的。倘若是流露的，一定帶了掙扎呼號的樣子。這個雕刻，一眼看去，只覺得他們父子三人都有一種難言之恫；仔細看去，便可發現條條筋肉根根毛孔都暗示一種極苦痛的神情。德國萊辛

（Lessing）的名著《拉奧孔》就根據這個雕刻，討論美術上含蓄的道理。

以上是從各種藝術中信手拈來的幾個實例。把這些個別的實例歸納在一起，我們可以得一個公例，就是：拿美術來表現思想和情感，與其儘量流露，不如稍有含蓄；與其吐肚子把一切都說出來，不如留一大部分讓欣賞者自己去領會。因爲在欣賞者的頭腦裡所生的印象和美感，有含蓄比較儘量流露的還要更加深刻。換句話說，說出來的越少，留著不說的越多，所引起的美感就越大越深越眞切。

這個公例不過是許多事實的總結束。現在我們要進一步求出解釋這個公例的理由。我們要問何以說得越少，引起的美感反而越深刻？何以無言之美有如許勢力？

想答覆這個問題，先要明白美術的使命。人類何以有美術的要求？這個問題本非一言可盡。現在我們姑且說，美術是幫助我們超現實而求安慰於理想境界的。人類的意志可向兩方面發展：一是現實界，一是理想界。不過現實界有時受我們的意志支配，有時不受我們的意志支配。譬如我們想造一所房屋，這是一種意志。要達到這個意志，必費許多力氣去征服現實，要開荒闢地，要造磚瓦，要架樑柱，要賺錢去請泥水匠。這些事都是人力可以辦到的，都是可以用意志支配的。但是現實界凡物皆向地心下墜一條定律，就不可以用意志征服。所以意志在現實界活動，處處遇障礙，處處受限制，不能圓滿地達到目的，實際上我們的意志十之八九都要受現實限制，不能自由發展。譬如誰不想有美滿的家庭？誰不想住在極樂園？然而在現實界絕沒有所謂極樂美滿的東西存在。因此我們的意志就不能不和現實發生衝突。

一般人遇到意志和現實發生衝突的時候，大半讓現實征服了意志，走到悲觀煩悶的路上去，以爲件件事都不如人意，人生還有什麼意味？所以墮落、自殺、逃空門種種的消極的解決法就乘虛而人了，不過這種消極的人生觀不是解決意志和現實衝突最好的方法。因爲我們人類生來不是懦弱者，而這種消極的人生觀甘心讓現實把意志征服了，是一種極懦弱的表示。

然則此外還有較好的解決法麼？有的，就是我所謂超現實。我們處世有兩種態度，人力所能做到的時候，我們竭力征服現實。人力莫可奈何的時候，我們就要暫時超脫現實，儲蓄精力待將來再向他方面征服現實。超脫到哪裡去呢？超脫到理想界去。現實界處處有障礙有限制，理想界是天空任鳥飛，極空闊極自由的。現實界不可以造空中樓閣，理想界是可以造空中樓閣的。現實界沒有盡美盡善，理想界是有盡美盡善的。

姑取實例來說明。我們走到小城市裡去，看見街道窄狹汙濁，處處都是陰溝廁所，當然感覺不快，而意志立時就要表示態度。如果意志要征服這種現實哩，我們就要把這種街道房屋一律拆毀，另造寬大的馬路和清潔的房屋。但是談何容易？物質上發生種種障礙，這一層就不一定可以做到。意志在此時如何對付呢？他說：我要超脫現實，去在理想界造成理想的街道房屋來，把它表現在圖畫上，表現在雕刻上，表現在詩文上。於是結果有所謂美術作品。美術家成了一件作品，自己覺得有創造的大力，當然快樂已極。旁人看見這種作品，覺得它眞美麗，於是也愉快起來了，這就是所謂美感。

因此美術家的生活就是超現實的生活；美術作品就是說明我們超脫現實到理想界去求安慰的。換句話說，我們有美術的要求，就因爲現實界待遇我們太刻薄，不肯讓我們的意志推行無礙，於是我們的意志就跑到理想界去求慰情的路徑。美術作品之所以美，就美在它能夠給我們很好的理想境界。所以我們可以說，美術作品的價值高低就看它超現實的程度大小，就看它所創造的理想世界是闊大還是窄狹。

但是美術又不是完全可以和現實界絕緣的。它所用的工具——例如雕刻用的石頭，圖畫用的顏色，詩文用的語言——都是在現實界取來的。它所用的材料——例如人物情狀悲歡離合——也是現實界的產物。所以美術可以說是以毒攻毒，利用現實的幫助以超脫現實的苦惱。上面我們說過，美術作品的價值高低要看它超脫現實的程度如何。這句話應稍加改正，我們應該說，美術作品的價值高低，就看它能否借極少量的現實界的幫助，創造極大量的理想世界出來。

在實際上說，美術作品借現實界的說明愈少，所創造的理想世界也因而愈大。再拿相片和圖畫來說明。何以相片所引起的美感不如圖畫呢？因爲相片上一形一影，件件都是眞實的，而且應有盡有，發洩無遺。我們看相片，種種形影好像釘子把我們的想像力都釘死了。看到相片，好像看到二五，就只能想到一十，不能想到其他數目。換句話說，相片把事物看得忒眞，沒有給我們以想像餘地。所以相片只能抄寫現實界，不能創造理想界。圖畫就不然。圖畫家用美術眼光，加一番選擇的功夫，在一個完全境遇中選擇了一小部事物，把它們又經過一番理想化，然後才表現出來。惟其留著一大部分不表現，欣賞者的想像力才有用武之地。想像作用的結果就是一個理想世界。所以圖畫所表現的現實世界雖極小而創造的理想世界則極大。孔子談教育說，「舉一隅不以三隅反，則不復也。」相片是把四隅通舉出來了，不要你勞力去「復」。圖畫就只舉一隅，叫欣賞者加一番想像，然後「以三隅反」。

流行語中有一句說：「言有盡而意無窮」。無窮之意達之以有盡之言，所以有許多意，盡在不言中。文學之所以美，不僅在有盡之言，而尤在無窮之意。推廣地說，美術作品之所以美，不是只美在已表現的一部分，尤其是美在未表現而含蓄無窮的一大部分，這就是本文所謂無言之美。

因此美術要「和自然逼眞」一個信條應該這樣解釋：「和自然逼眞」是要窺出自然的精髓所在，而表現出來；不是說要把自然當作一篇印版文字，很機械地抄寫下來。

這裡有一個問題會發生。假使我們欣賞美術作品，要注重在未表現而含蓄著的一部分，要超「言」而求「言外意」，各個人有各個人的見解，所得的言外意不是難免殊異麼？當然，美術作品之所以美，就美在有彈性，能拉得長，能縮得短。有彈性所以不呆板。同一美術作品，你去玩味有你的趣味，我去玩味有我的趣味。譬如莎氏樂府所以在藝術上占極高位置，就因爲各種階級的人在不同的環境中都歡喜讀他。有彈性所以不陳腐。同一美術作品，今天玩味有今天的趣味，明天玩味有明天的趣味。凡是經不得時代淘汰的作品都不是上乘。上乘文學作品，百讀都令人不厭的。

就文學說，詩詞比散文的彈性大；換句話說，詩詞比散文所含的無言之美更豐富。散文是儘量流露的，愈發揮盡致，愈見其妙。詩詞是要含蓄暗示，若即若離，才能引人人勝。現在一般研究文學的人都偏重散文——尤其是小說。對於詩詞很疏忽。這件事實可以證明一般人文學欣賞力很薄弱。現在如果要提高文學，必先提高文學欣賞力，要提高文學欣賞力，必先在詩詞方面特下功夫，把鑒賞無言之美的能力養得很敏捷。因此我很希望文學創作者在詩詞方面多努力，而學校國文課程中詩歌應該占一個重要的位置。

本文論無言之美，只就美術一方面著眼。其實這個道理在倫理哲學、教育、宗教及實際生活各方面，都不難發現。老子《道德經》開卷便說：「道可道，非常道；名可名，非常名。」這就是說倫理哲學中有無言之美。儒家談教育，大半主張潛移默化，所以拿時雨春風做比喻。佛教及其他宗教之能深人人心，也是借沉默神秘的勢力。幼稚園創造者蒙特梭利利用無言之美的辦法尤其有趣。在她的幼稚園裡，教師每天趁兒童頑得很熱鬧的時候，猛然地在粉板上寫一個「靜」字，或奏一聲琴。全體兒童於是都跑到自己的座位去，閉著眼睛蒙著頭，伏案做假睡的姿勢，但是他們不可睡著。幾分鐘後，教師又用很輕微的聲音，從頗遠的地方呼喚各個兒童的名字。聽見名字的就要立刻醒起來。這就是使兒童可以在沉默中領略無言之美。

就實際生活方面說，世間最深切的莫如男女愛情。愛情擺在肚子裡面比擺在口頭上來得懇切。「齊心同所願，含意俱未伸」和「更無言語空相覷」，比較「細語溫存」、「憐我憐卿」的滋味還要更加甜蜜。英國詩人布萊克（**Blake**）有一首詩叫做〈愛情之秘〉（*Love's Secret*）裡面說：

㈠切莫告訴你的愛情，
愛情是永遠不可以告訴的，
因為她像微風一樣，
不做聲不做氣的吹著。

㈡我曾經把我的愛情告訴而又告訴，
我把一切都披肝瀝膽地告訴愛人了，
打著寒顫，聳頭髮地告訴，
然而她終於離我去了！

㈢她離我去了，

不多時一個過客來了。
不做聲不做氣地，只微歎一聲，
便把她帶去了。

這首短詩描寫愛情上無言之美的勢力，可謂透闢已極了。本來愛情完全是一種心靈的感應，其深刻處是老子所謂不可道不可名的。所以許多詩人以爲「愛情」兩個字本身就太濫太尋常太乏味，不能拿來寫照男女間神聖深摯的情緒。

其實何只愛情？世間有許多奧妙，人心有許多靈悟，都非言語可以傳達，一經言語道破，反如甘蔗渣滓，索然無味。這個道理還可以推到宇宙人生諸問題方面去。我們所居的世界是最完美的，就因爲它是最不完美的。這話表面看去，不通已極。但是實在含有至理。假如世界是完美的，人類所過的生活——比好一點，是神仙的生活，比壞一點，就是豬的生活——便呆板單調已極，因爲倘若件件都盡美盡善了，自然沒有希望發生，更沒有努力奮鬥的必要。人生最可樂的就是活動所生的感覺，就是奮鬥成功而得的快慰。世界既完美，我們如何能嘗創造成功的快慰？這個世界之所以美滿，就在有缺陷，就在有希望的機會，有想像的田地。換句話說，世界有缺陷，可能性（potentiality）才大。這種可能而未能的狀況就是無言之美。世間有許多奧妙，要留著不說出；世間有許多理想，也應該留著不實現。因爲實現以後，跟著「我知道了！」的快慰便是「原來不過如是！」的失望。

天上的雲霞有多麼美麗！風濤蟲鳥的聲息有多麼和諧！用顏色來摹繪，用金石絲竹來比擬，任何美術家也是作踐天籟，糟蹋自然！無言之美何限？讓我這種拙手來寫照，已是糟粕枯骸！這種罪過我要完全承認的。倘若有人罵我胡言亂道，我也只好引陶淵明的詩回答他說：「此中有眞味，欲辯已忘言！」

一九二四年仲冬脫稿於上虞白馬湖畔

朱光潛年表

年代	生平記事
一八九七	九月一九日，出生於安徽省桐城縣。自幼接受父親的私塾教育。桐城中學畢業後進入武昌高等師範學校（今武漢大學文學院）中文系學習。入學後，考取北洋政府的教育部派送生資格。
一九一八	至一九二二年，（二十一到二十五歲）就讀於香港大學，奠定其一生參與教育和學術的方向。
	受胡適五四白話文學運動影響，改寫白話文，用白話文發表美學研究的第一篇文章〈無言之美〉。
一九二二	夏，香港大學畢業到吳淞中國公學的中學部教習英文課程，兼校刊《旬刊》的主編。
一九二四	江浙戰爭中吳淞中國公學關閉，隨即到浙江白馬湖春暉中學教書。結識朱自清、匡互生、夏丏尊、豐子愷、葉聖陶等好友。
一九二五	由匡互生、豐子愷、朱光潛等人在上海創辦立達學園。學院以《論語》「己欲立而立人，己欲達而達人」為校名及辦學宗旨。

年代	生平記事
	另籌辦開明書局（以中學生為對象的出版社）和雜誌《一般》（後改名《中學生》）。 考取公費留學英國，到愛丁堡大學選修英國文學、哲學、心理學、歐洲古代史和藝術史等。畢業後至倫敦大學學院聽莎士比亞課程，同時在巴黎大學註冊。 期間受巴黎大學文學院長德拉庫瓦教授所講授的藝術心理學啟發，寫下《文藝心理學》。
一九二七	為《一般》雜誌撰稿的文章輯成《給青年的十二封信》（散文集）出版。
一九二八	與友人一起創辦的立達學園因經費拮据停辦。
一九三〇	進入法國史特拉斯堡大學，完成《文藝心理學》初稿。
一九三二	《文藝心理學》的縮寫本《談美》（理論）出版。
一九三三	獲史特拉斯堡大學博士學位，以論文《悲劇心理學》獲博士學位。出版《悲劇心理學》英文版（史特拉斯堡大學出版社）。 在歐洲留學期間，《變態心理學派別》、《變態心理學》陸續問世，《詩論》初稿形成。

年代	生平記事
	返國任教，被聘為安徽大學文學院院長，後結識胡適，委聘為北京大學西語系教授、主任。教授西方名著選讀和文學批評史以外。在北京大學中文系、清華大學中文系、中央藝術學院講授《文藝心理學》和《詩論》等。胡適、楊振聲等人組織朱光潛、沈從文、周作人、林徽因等人組成編委會，籌辦《文學雜誌》。朱光潛擔任主編。抗日戰爭爆發後停刊。
一九三八	抗日戰爭期間，任四川大學文學院院長。
一九四二	出任教務長調和武漢大學校內湘皖兩派內訌。 抗日戰爭勝利後，不願去安徽大學當校長，回北京大學文學院任代理院長。 《詩論》出版。
一九四七	譯自克羅齊的《美學》原理部分成書：《美學原理》出版。
一九四八	十二月，為國民政府派專機送赴臺灣的學人名單之一，朱光潛決定留居大陸，一直擔任北京大學教授，居住於燕東園二七號。
一九五七	鑽研辯證唯物主義和歷史唯物主義。開始學習俄文。
一九五九	黑格爾《美學》第一卷翻譯完成、出版。
一九六三	《西方美學史》出版。

年代	生平記事
一九六六	五月，中國無產階級文化大革命爆發。《美學》第二卷譯出不久，被紅衛兵抄走。
一九七六	十月，文革結束後，恢復教授職務。致力於學術研究和教育領域，積極翻譯各類外文名著，撰寫文稿，發表演講及指導研究生。
一九七八	黑格爾《美學》譯文全三卷完成。
一九八三	三月（八十六歲），應邀赴香港中文大學講學，聲明自己的的思想定位：「我（雖然）不是一個共產黨員，但是一個馬克思主義者。」
一九八四	夏（八十七歲），健康狀況轉差。
一九八六	仍舊勤於執筆寫作，執意要把《新科學》的注釋部分完成。 三月六日在北京病逝，終年八十九歲。

大家講堂001

談美

作　　者 —— 朱光潛
發 行 人 —— 楊榮川
總 經 理 —— 楊士清
總 編 輯 —— 楊秀麗
本書主編 —— 蘇美嬌
封面設計 —— 姚孝慈
出 版 者 —— **五南圖書出版股份有限公司**
地　址 —— 台北市大安區 106 和平東路二段 339 號 4 樓
電　話 —— 02-27055066（代表號）
傳　眞 —— 02-27066100
劃撥帳號 —— 01068953
戶　名 —— 五南圖書出版股份有限公司
網　址 —— https://www.wunan.com.tw
電子郵件 —— wunan@wunan.com.tw
法律顧問 —— 林勝安律師
出版日期 —— 2020 年 3 月初版一刷（共二刷）
—— 2021 年 10 月二版一刷（共二刷）
—— 2024 年 6 月三版一刷
定　　價 —— 250 元

國家圖書館出版品預行編目資料

談美 / 朱光潛 . -- 三版 -- 臺北市：五南圖書出版股份有限公司，2024.06
面；　公分 . -- (大家講堂 ; 1)
ISBN 978-626-393-224-1 (平裝)

1.CST: 美學

180　　113004037